キリシタン時代とイエズス会教育

キリシタン時代とイエズス会教育

アレッサンドロ・ヴァリニャーノの旅路

桑原直己著

知泉書館

目　次

序　章 …………………………………………………… 3

第 1 章　霊操の性格とその成立 ……………………… 8
1　はじめに …………………………………………… 8
2　近代修道霊性史におけるイエズス会 …………… 9
3　『霊操』の構造とその本質 ……………………… 11
4　イグナティウス・デ・ロヨラの生涯と『霊操』の成立 ……………………………………………… 13
5　隠修士の伝統と霊操 ……………………………… 18
6　「無学」による挫折とイエズス会の教育活動への展開 ………………………………………………… 31
7　結　語 ……………………………………………… 33

第 2 章　『イエズス会学事規程』におけるイエズス会学校
……………………………………………………… 35
1　はじめに …………………………………………… 35
2　イエズス会の学校教育への参入と『イエズス会学事規程』 ………………………………………… 36
3　下級コレギウム …………………………………… 41
4　上級コレギウム …………………………………… 49
5　結　語 ……………………………………………… 59

目　次

第3章　A・ヴァリニャーノの外的旅路
　　　──その生涯と業績 …………………………… 62
1　はじめに ………………………………………… 62
2　来日までの旅路 ………………………………… 63
3　ヴァリニャーノの「危機」と適応主義への道 …… 69
4　適応主義にもとづく日本布教 ………………… 77
5　結　語 …………………………………………… 84

第4章　A・ヴァリニャーノの内的旅路
　　　──日本における布教方針を支えた「識別」 … 86
1　はじめに ………………………………………… 86
2　ヴァリニャーノの内面の旅路における問題場面の
　　意味 …………………………………………… 87
3　1579年12月10日付書簡──ヴァリニャーノの「識別」
　　　……………………………………………… 89
4　ヴァリニャーノの「識別」に関する書簡の意味 … 107
5　結　語 …………………………………………… 111

第5章　キリシタン時代における日本のイエズス会
　　　学校教育 …………………………………… 113
1　はじめに ………………………………………… 113
2　イエズス会による学校建設まで ……………… 113
3　ヴァリニャーノの教育構想 …………………… 115
4　セミナリヨ ……………………………………… 120
5　ノヴィシアードおよびコレジヨ ……………… 125
6　教区神学校 ……………………………………… 135
7　結　語 …………………………………………… 137

目　次

第6章　『日本のカテキズモ』——A・ヴァリニャーノの
　　　　日本仏教批判 ………………………… 140
　1　はじめに ………………………………… 140
　2　『日本のカテキズモ』 …………………… 140
　3　『日本のカテキズモ』の特色 …………… 148
　4　『日本のカテキズモ』における日本仏教批判の意図
　　　……………………………………………… 151
　5　『日本のカテキズモ』における日本仏教批判の検討
　　　……………………………………………… 156
　6　結　語 …………………………………… 163

終　章 …………………………………………… 165

注 ………………………………………………… 175
索引（人名・書名・事項）…………………… 189

キリシタン時代とイエズス会教育
―― アレッサンドロ・ヴァリニャーノの旅路 ――

序　章

　本書は，イエズス会東インド巡察師A・ヴァリニャーノの活動を中心に，いわゆる「キリシタン時代」におけるイエズス会の日本への宣教活動について，特に教育事業に重点を置きながら紹介することを意図している。

　イエズス会は近代の修道霊性と学校教育の分野とに決定的と言ってもよいほどの大きな影響を与えているが，その霊性は創立者イグナティウス・デ・ロヨラ（1491-1556年）が自らの体験を通して確立していった「霊操」[1]によって決定づけられている。冒頭の第1章では，イエズス会の霊性の基本をなしている『霊操』というテキストおよび霊的実践としての「霊操」の概要と性格とを明らかにする。

　まず，特に教育活動への展開を視点に置きつつ，近代修道霊性史全体を展望する際におけるイエズス会の特徴（個人としての自律的霊性，教会への従順と普遍性への志向，教育活動への展開）を指摘する。次いで，テキストとしての『霊操』の構造と，霊操者とその指導者とが用いるための手引き書である，というその本質を明らかにする。さらに，イグナティウス・デ・ロヨラの生涯と『霊操』の成立過程を概観する。

　この章では特に霊操が成立する際のイグナティウスの生き方と東方修道制以来の隠修士の伝統との類縁関係に注意を喚

起したい。

 第2章では,『イエズス会学事規程』におけるイエズス会学校の教育について明らかにする。イエズス会が現代に至るまで学校教育の領域で大きな影響力を示してきた修道会となる契機となったのは当時最高の高学歴者集団であったことから副次的に派生した事態であった。そこでまず,イエズス会が学校教育へと参入していった経緯,同時に『イエズス会学事規程』の編纂過程を概観する。その上で,1599年版『イエズス会学事規程』に即する形で,当時のイエズス会学校の具体像,すなわち「下級コレギウム」「上級コレギウム」におけるカリキュラムの概要を再現し,当時のイエズス会学校教育の特色を明らかにする。
 なお,第5章で後述するように,「キリシタン時代」の日本では東インド巡察師A・ヴァリニャーノの主導のもとに学校が建設されていたが,この事業はヨーロッパにおける『イエズス会学事規程』の編纂作業と時間的には同時的に進行していた。本章では1599年版『イエズス会学事規程』に即する形で,ヨーロッパ本国における当時のイエズス会学校の具体像を明らかにすることを目指したい。

 イエズス会東インド巡察師アレッサンドロ・ヴァリニャーノ(Alexandro Valignano S.J. 1539-1606)は,16・17世紀の初期日本教会の指導者として,フランシスコ・ザビエルに次ぐ重要人物として知られる。第3章と第4章では,ヴァリニャーノがその布教方針を確立するにいたるまでのプロセスを振り返り,彼が直面した状況とその困難とに対していかに対峙しようとしていたのかを明らかにすることを目指す。

序　章

　まず第3章において、ヴァリニャーノの生涯と業績、つまり彼が外的な行動面で示した旅路を概観する。彼は特に時代を4世紀も先取りして、第二バチカン公会議前後から現代のローマ・カトリック教会における基本方針とされるに至るアコモダティオ（適応主義）の先駆的存在であった点で高く評価されている。彼が中国や日本で断行した布教政策は、大航海時代として知られる当時において前例のないものであり、まさに革命的というべきものであった。当然、同時代人たちからの激しい反対に直面したし、その他にも様々な障害に遭遇したため、必ずしも十分な成果を収めることはできなかったが、当時彼がとった布教方針は現代のカトリック教会にも大いに示唆をもつものである。ただし、ヴァリニャーノの業績を単に彼個人の英雄的資質やカリスマに帰するだけではその真の意義を理解することはできない。本書では、ヴァリニャーノがその布教方針を確立するにいたるまでに直面した状況とその困難とに対していかに対峙しようとしていたのかを、可能な限りその内面にまで立ち入って明らかにすることを目指す。

　そのため、特に第4章においてはそうした外面的軌跡を支えた彼の内面的な霊性の一旦を明らかにする。ヴァリニャーノの内面の旅路において最も重要と考えられる場面は、彼が最初の来日直後に経験した日本における布教方針に関する深刻な迷いであった。ヴァリニャーノ研究の古典として知られるシュッテの *Valinanos Missionsgrundsatze für Japan* は、その全体が第4章「ヴァリニャーノの布教における危機 Vakignanos Missionkrise」を核心とし、その「危機」にいたるまでの前史とその「危機」の克服という形で構成されている、と見ることができる。本章では、特にヴァリニャーノが

序　章

その危機の最中にあって，イエズス会霊性の核心をなす「霊操」の原理にしたがってこれを乗り越えようとした際の内面の記録とでも言うべき1579年12月10日付書簡を，シュテによる紹介を訳出する形で，読者の参考に供することを試みたい。

第5章では，いわゆる「キリシタン時代」における日本のイエズス会学校教育の歴史を概観し，当時，草創期にあったイエズス会の教育理念が，日本という地において遂げた展開の相を解明する。まず，日本におけるイエズス会による学校建設までの経緯を概観する。次にA・ヴァリニャーノの教育構想を紹介する。さらに，実際に日本に建設されたセミナリヨ，ノヴィシアード（修練院），コレジヨ，教区神学校について，それぞれ沿革，教育内容を紹介する。その際特に，『イエズス会日本コレジヨの講義要綱』の各巻，すなわち『天球論』『霊魂論』『真実の教（神学）』が当時有していた学術的意義を概観する。

以上の概観では特に，日本におけるイエズス会学校が，ヨーロッパにおけるイエズス会学校の伝統が積み重ねてきた教育理念をどこまで受け継いでおり，またいかなる点で日本社会への「適応」の努力が伺われるのか，を明らかにしたい。このことにより，当時のイエズス会士たちが日本を宣教と教育との場としてどのように位置づけており，また，彼らの教育理念を実現する環境として当時の日本社会がいかなる意味を有していたかも明らかになることと思われる。

第6章では，ヴァリニャーノの日本仏教批判が展開されている『日本のカテキズモ』という著作を検討し，彼の日本布教における二面性を明らかにする。

序　章

　第3章で紹介したとおり，ヴァリニャーノは日本における布教に際して現代カトリック教会の指針の一つである「インカルチュレーション」を数百年先取りするいわゆる「適応主義 accommodatio」の方針をとった。これはそれまでの日本布教を指導していたカブラルにおけるポルトガルのナショナリズムとエスノセントリズムを批判したものであった。
　しかし反面，カトリック教会が東西霊性交流に積極的に取り組んでいる今日の視点から見た場合の「限界」として，彼の仏教に対する敵対的態度がしばしば指摘されている。ヴァリニャーノは当時の日本仏教に対しては批判的な態度で臨み，『日本のカテキズモ』において当時の日本仏教を激しく批判した。本章では，その際のヴァリニャーノの意図を明らかにするとともに，今日的な視点から見てのその限界を明らかにする。

第1章
霊操の性格とその成立

1 はじめに

　本書は，特にいわゆる「キリシタン時代」におけるイエズス会の日本への宣教活動について，教育事業を中心に紹介することを意図している。イエズス会は近代の修道霊性と学校教育の分野とに決定的と言ってもよいほどの大きな影響を与えているが，その霊性は創立者イグナティウス・デ・ロヨラ（1491-1556年）が自らの体験を通して確立していった「霊操」によって決定づけられている。冒頭の本章では，霊操そのものについて概観しておきたい。まず，特に教育活動への展開を視点に置きつつ，近代修道霊性史全体を展望する際におけるイエズス会の特徴を指摘する。次に，そこで示されたイエズス会の特徴を解明するために必要な限りにおいて，霊操の本質および特徴をその成立史と関連づけながら明らかにする。その際，本章では特に霊操が成立する際のイグナティウスの生き方と東方修道制以来の隠修士の伝統との類縁関係に注意を喚起したい。その上で，そこまでの考察で明らかになった霊操の特徴が，イエズス会霊性の特徴にいかに反映しているのかを改めて明らかにすることとする。

2　近代修道霊性史におけるイエズス会

　最初に，近代修道霊性史におけるイエズス会の特徴について，筆者が有している見通しを簡潔に示しておきたい。

(1) 個人としての自律的霊性

　まず，修道霊性史そのものの中での位置づけに関して言えば，イエズス会は現代にまで通ずる「社会進出型修道パラダイム」への方向を押し進めた修道会である，と言うことができる。都市の勃興を背景として12世紀に成立した托鉢修道会は，農業経済を基盤とする中世前半までのヨーロッパ社会における修道制を支配してきた「定住」と「禁域の遵守」を本質とする「ベネディクト型修道パラダイム」を脱して，より機動性をもった「社会進出型修道パラダイム」を実現した。イエズス会は，近代初頭にあってそうした機動的な社会進出型修道パラダイムへの方向をさらに一歩押し進めた存在として理解することができる。「それまで修道生活に不可欠とされていた修道服，共同で唱える聖務日課，定住制などを廃止し，時代の要請に即応できる生活様式が採用された。清貧，貞潔，従順の三誓願をたてるが，衣服や食事その他では普通の教区司祭と同様に，土地の風習に適合させる。全人類の救済のためにどんな仕事でもどんな所にでもすぐ赴いて行ける即応性を重んじた」[1]。この点を逆に言えば，従来の修道者たちは，定住の原則や聖務日課の共誦などの日課をとおして修道院という共同体およびその空間によって守られていた。これに対して，イエズス会員には個人としての自律性をもった霊性が求められることになる。

第 1 章　霊操の性格とその成立

(2)　教会への従順と「国際的」性格

　第二に，一般に指摘されているところによれば，イエズス会の特徴はその統治機構，すなわち原則として終身の総会長のもとでの中央集権的な統治システムをもち，直接教皇に忠誠を捧げる，という点にある。この特徴は，今日的に言えば「国際的」性格を帰結している。しかし，当時の時代背景をもとに考えるならば，キリストの代理者としての教皇がヨーロッパ世界全体の精神的権威として，少なくとも理念的にはあらゆる世俗的政治権力の上に君臨するという中世社会の理念を反映しているものと言える。「近代」という時代の本質的特徴は「ナショナリズム」の勃興と世俗的な「国家」の台頭にある。いわゆる「宗教改革」の成立も，ドイツのナショナリズムがルターを支持した限りにおいて，そうした傾向の先駆けをなすものと言える。イエズス会は，本質的にそうした「近代」に対する批判原理を内含していた，と見ることができる。一般に知られている「プロテスタンティズムへの対抗者」というイエズス会の側面もその一つの現れであろうが，後世の「ウルトラモンタニズム」への志向もそこから理解することができる。つまり，イエズス会はカトリックに留まりながらも「フランス国教会」と化した「ガリカニズム」が示した方向と正面から対立した。その結果，イエズス会は苦難の道を歩むが，このことはイエズス会が本質的に国家という枠を超えることを志向していることの証となるものであった。こうした点からは，イエズス会の霊性は「教会（教皇）への従順」と，今日的に言えば「国際性」すなわち国家を越えた普遍性とを志向する霊性とを目指している，と言える。

(3) 教育活動への展開

最後にその社会的な影響であるが、イエズス会は宗教改革に対抗する形でのカトリック教会の自己刷新、日本をも含め「大航海時代」によって西欧社会が新たに知ることになった世界への宣教活動などで知られているが、何よりも教育活動、特に現代で言うところの中等教育学校の発達と密接な関係を有する修道会である。後述するとおり、イエズス会そのものは教育活動を直接の目的として成立したわけではなかったが、やがて教育活動という分野での使命を自覚し、これに大きな力を注ぐに至る。その詳細については本書の後続する諸章で跡づけてゆくことになるが、イエズス会の教育活動への志向は『イエズス会会憲』から『イエズス会学事規程 *Ratio studiorum*』[2]へと展開し、近代学校教育の成立に決定的な影響を与えている。

3 『霊操』の構造とその本質

『霊操 *Exercitia Spiritualia*』については数多くの解説および研究がある。ここでは、コアタレムによる標準的かつ古典的な解説[3]にもとづいて、『霊操』の構造およびその本質について、可能な限り簡潔な紹介を試みたい。

『霊操』は、読むための書物ではない。アヴィラのテレサや十字架のヨハネのようなカルメル会の霊性家たちは「読むための書」、すなわち自らの霊的体験の具体的内容を書き記した書物を残したが、イグナティウスの『霊操』はそうした性格の書物ではなかった。『霊操』は「神との交わりの体験を徹底させる」[4]ための「手引書」である。ただし「霊操」は「独習の手引き」ではない。「霊操」はイグナティウス自

第 1 章　霊操の性格とその成立

身が経験したことにもとづいて，その実りを他者に分かち合うことから出発している。すなわち，霊操者は指導者と同伴することが前提とされ，『霊操』は指導者とともに歩むための手引き書なのである。

『霊操』総註 21 によれば，「霊操の目的は，人がいかなる邪な欲情にも左右されることなく，自分にうち克って，生活を調整えてゆくことにある」[5]。

書物としての『霊操』は，この目的を達成するために構想されており，(A)「序」，(B)「核となる部分」，(C)「補足的な諸文書」という 3 つの部分からなる。(A) の「序」は指導者への「指示書」である。(B) の本体部分(「核となる部分」)は大きく分けると (Ⅰ) 罪の黙想＝浄化(第 1 週 *[6]) と (Ⅱ) イエスの生涯についての救済史的な黙想とに分かれ，(Ⅱ) はイエスの生涯の場面に対応して，さらに (Ⅱ-1) 受肉(第 2 週)，(Ⅱ-2) 受難(第 3 週)，(Ⅱ-3) 復活(第 4 週)とに対応している，と見ることが出来る。

基本的には (Ⅱ-1) の時点で，霊操者はたとえば修道会入会の決断などの「生路の選定」を行う。この「選定」は霊操の頂点をなすものと言うことが出来る。(C)「補足的な諸文書」の中で特に重要なのは「霊の識別の規定」であろう。それは，「選定」の基準を示すための指針であるからである。

コアタレムによれば，霊操全体の「実り」は，「偏らない心 indifferentia」を根本とする「原理と基礎」の中に，またさらに要約的には，霊操のあらゆる黙想のセッションの初めに唱えられる「自分のあらゆる意向と行動と働きが，ひたすら主なる神への奉仕と賛美だけに向けられるよう，主の助けを願う」という「準備の祈り」の中に示されている。特に，第 1 週において展開される「罪の黙想」は，魂を浄化する

ことにより，「偏らない心」の基盤を確保するための作業である，と見ることができる。

　第2週から第4週までのイエスの生涯についての救済史的な黙想において，霊操者は自らが生きてきた生涯の物語を，イエスの生涯の物語と重ね合わせることになる。そうした「重ね合わせ」の中で，「偏らない心」を基盤としてなされる「生路選定」が『霊操』の頂点をなすものである。「生路選定」の基礎をなすものは「霊の識別」，すなわち霊操者が神，善霊，そして悪霊によって動かされる体験の中で，霊操者を動かしているのがいかなる霊の働きであるのか，を識別することにある。

　以上の構成を見るならば，霊操の本質とは「偏らない心」を土台として，霊操者自身の人生物語をイエスのそれと重ね合わせ，その時点での霊操者に対する神の意志を問い尋ねることにある，と言うことができる。

4　イグナティウス・デ・ロヨラの生涯と『霊操』の成立

　イグナティウスは1491年，スペイン北部バスク地方グイプスコア州の地方貴族ベルトラン・デ・ロヨラの末子として，父の居城であるロヨラ城に生を受けた。当初彼はイニゴ（Inigo）の名で呼ばれていた。家督を継ぐ可能性のない貴族の末子は聖職者の道をとるのが普通であり，イニゴの父もそれを望んだが，王に忠誠を尽くす家風の中に育ち，気質的にも武芸を好んだ彼は，聖職者の道よりも軍人の道に進むことを選んだ。若い時期に小姓として宮廷に仕えた経験から，彼は名誉と忠誠とを重んずる心，そして高貴な身分の人に対す

第 1 章 霊操の性格とその成立

る礼儀作法を学んだ。このような回心前の若き日のイニゴについて、ド・ギベールは次のように素描している。「イグナティウスは、知的教養の乏しい行動的な人で、事実、宮廷生活と粋(いき)な騎士階級の好み以外のものは知らなかった。すなわち、非凡な活力をもった勇敢な士官で、キリスト教の信仰はゆるぎなく、遅疑逡巡せず、信義に厚く、侠気に富んでいた。また、彼はすでに独創性と指導力といったすばらしい素質を備えていたが、同時に傲慢、淫蕩、野心家で乱暴者でもあった」[7]。

彼の人生の転機となったのは、1521 年、内乱に介入するため侵攻してきたフランス軍からパンプローナ城塞を死守すべく闘う中で重傷を負ったことである。故郷ロヨラでの長い療養生活に際して、イニゴは退屈しのぎに騎士物語を読みたいと思っていたが、手にすることができた書物は、カルトゥジア会士ルドルフ・フォン・ザクセンによる『イエス・キリストの生涯』とドミニコ会士ヴァラッツェのヤコブスによる聖人伝『聖人たちの華』しかなかった。この読書が彼の回心のきっかけとなった。後に彼は殉教したアンティオケイアの使徒教父の名にちなんで自らイグナティウスと名のり、神に仕えることを目指すようになる。

川中仁によれば、「霊操の成立プロセスは、ロヨラ城の病床でのイグナティウスの霊的な体験に始まっており[8]、ロヨラ期は霊操の成立プロセスにおける最初の決定的な段階として「霊操の誕生の瞬間」である」という。川中は「これらの書物〔『イエス・キリストの生涯』および『聖人たちの華』〕の読書が、イグナティウスの神体験として描かれており[9]、(1)『イエス・キリストの生涯』と『聖人たちの華』という 2 冊の書物に描かれたイエス・キリストと聖人たちの形姿への物

4 イグナティウス・デ・ロヨラの生涯と『霊操』の成立

語的な関係性，(2) 自己自身への実存的な関係性，(3) 神への間主観的な関係性からなる，神とイグナティウスとの間のコミュニケーションの出来事となっている」[10]点を指摘する。そして，注目すべきなのは，この時期イグナティウスは，「少しずつではあったが自分を動かす神と悪魔の2つの霊をわきまえるように」[11]なり，やがて「後日，霊操をしたとき，ここから霊の識別のための「光」を受けた」[12]という事実である。イグナティウスはロヨラ期において「霊の動き」に対する感受性を示し，その最終的形態ではないにしても「選定の考察」の基礎をなす霊の識別についての基本的な着想を獲得していたと言える。

1522年，イグナティウスは地位と名誉とを捨ててロヨラをあとにして巡礼の旅に出る。モンセラートの聖母マリア聖堂を訪れた後，隣町マンレサに1年近く滞在することになる。そこで彼は，貧しさと苦業とのなかで祈りに専念する日々を送る。1522年の春，彼はいわゆる「すさみ」と呼ばれる試練の期間にあり，ほとんど絶望に近いまでの苦悩を経験したと言われている。しかし，秋になると，彼には深い慰めが訪れ，最後に彼の人生にとって決定的な「カルドネル河畔の啓示」を受けることになる。

ある日，イグナティウスは，マンレサの近くにある聖パウロ教会に向かうべく，川沿いの道を敬虔な思いにひたりながら歩いていた。「途中，下の方を流れる川に向かい，しばらく腰をおろした。こうしてそこに座っていると，理性の目が開け始めた。しかし，このときは，示現を見たのではなく，霊的なこと，信仰および学問に関する多くの問題を理解し悟った」[13]。

『自叙伝』も語り，諸家も強調しているとおり，この「啓

示」の内容は幻視のようなものではなく，「知性の照らし」としての側面の強いものであった。コアタレムによれば「以来，彼は自然と恩恵の世界を新しい目で見るようになり，彼にとってイエスは，もはや外側から熱心に模倣すべき手本としてだけではなく，生ける「頭」としても現れてくる。その頭は，受けた使命（救いの計画を実行する使命）をまだ果たし終えてはいない。彼は，偉業に秀でたいと望む部下や友に向かい，自分のもとで，自分とともに同じ使命を遂行するよう彼らを招く。こうした使徒的観点の下で一切のことが照らされ，深められ，新たにされる。新しい目を与えられたイグナティウスは，それとともに識別の新しい基準を身につける。それこそ，彼の知恵の魂とも言うべき Caritas discreta（分別ある愛）である」[14]。

　一般に『霊操』の成立においてマンレサ期，とりわけいわゆる「カルドネル河畔の啓示」が決定的であった，と理解されている。それは，一つにはこの時期にイグナティウスが他者に対して霊操の指導を始めたこと[15]，そして，もう一つには『霊操』のテキストの執筆を開始していたことによる。つまり，彼はこの「カルドネル河畔の啓示」においてほぼ霊操の骨格についてのインスピレーションを受け，直ちにこれを自分自身で実習してから，隣人の助けとするために『霊操』の執筆を開始したと考えられている[16]。

　1523年，イグナティウスはエルサレムに巡礼した。生涯エルサレムに留まろうと希望するが果たせず，スペインに戻り，使徒的な活動を志すこととなる。そのための準備として，1525年から27年までの間，アルカラおよびサラマンカの地で勉学生活に入る。さらに1528年から1535年までの間，パリで学びパリ大学で哲学修士の学位を得る。この

4　イグナティウス・デ・ロヨラの生涯と『霊操』の成立

間，イグナティウスはマンレサでの体験を基に『霊操』の編集作業を続けるとともに，霊操にもとづいて他の人々を指導した。その結果，フランシスコ・ザビエルをはじめとして，後に初期イエズス会員となる何人かの同志を得た。1534年，イグナティウスはパリのモンマルトルで6人の同志とともに，清貧と貞潔との誓願を宣立した。同時にエルサレムに赴いて生涯その地で人々を霊的に助けることを誓ったが，旅行が不可能となった場合には，ローマへ赴き自分たちの進退をすべて教皇に任せる約束をした。結局，エルサレムへの渡航は実現せず，ローマに赴いて教皇に身を委ね，自分たちが最も必要とされる場所に派遣されることになった。イグナティウスは1537年ヴェネツィアで司祭叙階を受けた後，ローマに赴く。ローマ入りする直前の1537年11月，ラ・ストルタ聖堂で有名な示現を受ける。それはマンレサのカルドネル河畔での体験を補充するものと言われている。この経験によりイグナティウスは，自らが組織しようとしていた「イエスの伴侶」としてのイエズス会の在り方を確信するにいたった。1538年，同志とともに教皇パウルス3世に献身を申し出て，受け入れられた。

　1539年から1541年にかけてイグナティウスは新たな修道会，すなわちイエズス会の創立に着手した。同志たちはそれぞれ別の地域に派遣される中で，共同体としての一致を続けるために新修道会を結成することとし，1540年教皇による認可を受け，1541年には同志たちから請われてイグナティウスが初代総会長に選出され，同年最初の同志たちとともに聖パウロの城外聖堂において盛式誓願を宣立した。以後彼は，その没年まで総会長をつとめつつ，『イエズス会会憲』を起草した。イグナティウスは1556年7月31日にローマ

のイエズス会本部で生涯を終え，1622年フランシスコ・ザビエルとともに，教皇グレゴリウス15世によって列聖された。

5　隠修士の伝統と霊操

　托鉢修道会からイエズス会にまでいたる機動的な「社会進出型修道パラダイム」の道を切り開くに際しては，「観想と活動」という修道生活の2つの側面をいかに統合するかという課題が非常に重要となる。そして事実，一般にイグナティウスの霊性はパウロをモデルとする観想と実践活動との一致をもって特徴づけられている。「彼は神秘家と活動家という2人の人物を共存させている人間ではない。むしろ，一方であるからこそ他方であるといった人間だった」[17]。そうしたイグナティウスの霊性の特徴を理解する一つの鍵は，東方修道制以来の「隠修士」の伝統とイグナティウスの『霊操』との類縁関係である。

(1)　イグナティウスと隠修士 (1) ——悪魔との闘い

　隠修士とは，3世紀後半エジプトを中心に出現したキリスト教修道制の起源となる人々で，その代表的な人物は，教父アタナシオスによって記されたとされる『アントニオス伝 Vita Antonii』で知られる「砂漠の師父」アントニオスである。『アントニオス伝』は，典型的，理想的な「砂漠の師父」の姿を示すことを意図して書き記されている。アントニオスは，教会で「もし完全になりたいのなら，行って持ち物を売り払い，貧しい人々に施しなさい。それから，私に従いなさい」という『マタイ福音書』19:21の言葉を聞き，その言葉

5 隠修士の伝統と霊操

通りに全財産を捨て，戸外での厳しい生活のうちに敬神の修行に励む生活へと入った。未だ人里にあってのこの最初の修行の中で，アントニオスは悪魔との「最初の闘い」を終えた，とされる。隠修士の霊性に詳しいブイエによれば「悪魔は初心者には明かされないと，あらゆる古代の修道生活で言われている。そして修道士がそれに気づいたときが，まさに第1段階を終えたしるし」[18]であると言う。そして悪魔との「最初の闘い」を経験した後，「悪魔に対する戦いとして修徳修行を追求することの必然性を彼がはっきり意識したその時」に，その修道士は本格的な隠修士としての孤独の隠棲生活に移るものとされている。ブイエの言葉どおり，アントニオスは人里の中で悪魔との「最初の闘い」を終えたことを契機として，さらに一歩を進めて本格的な隠修士としての孤独の隠棲生活に移っている。アントニオスの隠棲生活はさらに二期に分かれる。第一期には，彼は一人の知人にパンを運んでもらいながら，村から離れてはいるが，さほど遠くはない墓地に隠棲した。第二期には，彼は一年に二回，半年分のパンの差し入れを受けつつ，荒れ野の廃墟となっていた古い要塞に籠ってそこで20年間を過ごした。当時の人々にとって，墓地や荒れ野は，まさに人が寄りつかないが故に悪魔の住処と信じられていた場所であった。人里離れた場所での20年に及ぶ独住生活を経た後，アントニオスは「師父」として共同体への還帰を遂げる。

> こうして，およそ20年近く，〔アントニオスは〕ただひとりで神聖な修行に励み，自ら出かけていくことも，訪ねてきた人々と会うこともなかった。その後，病に苦しむ人々が大勢癒しを求めて彼の許を訪れ，他方彼の修

第1章　霊操の性格とその成立

行に倣おうとする人々や知人たちが大勢押しかけたが，〔アントニオス〕は姿を見せないので，力ずくで戸口を破り開けてしまった。そこで，諸秘義を学び神によって神的なものに満たされていたアントニオスは，請われて，あたかも隠れ場から出て来るかのように，人々の前に姿を現した。このとき初めてアントニオスは要塞から出て，彼の許を訪れてきた人々に姿を現した。彼を目にした人々は驚嘆した。というのも，彼の体の容姿は以前とまったく変わるところがなかった。長いあいだ体を鍛えることがなかったのに肥え太ることなく，断食と悪霊どもとの戦いで痩せ細ってもいなかった。隠棲する以前から彼を知っていた者たちの目にそのように映ったが，彼の精神の清浄さとその汚れない暮らしぶりが看て取れた。労苦によって悲しみ沈んでいる様子はなく，歓喜にとり乱している様子もなく，笑いや悲嘆に彼の精神はかき乱されることもなく，大勢の人を見ても困惑せず，大勢の人の挨拶を受けても特別喜ぶでもなく，まったく平静そのものだった[19]。

　ここに描かれているアントニオスの姿，人々を求めもせず，避けもしない「平静」のうちに，人々の賞賛からの完全な自由を獲得し，名誉欲・権力欲から離脱した境地が示されている。そして，この離脱こそが，霊的師父としての権威の根拠となっている。完成の域に達した隠修士は，自らの内なる「悪魔の罠」を克服し，これに対する対処法に通じることによって，「結果として」霊的な師父となる権威を帯びる。弟子となる隠修士は霊的な冒険を志し，霊的な師父はその冒険の途上に横たわるあらゆる危険——「悪魔の罠」——への

5　隠修士の伝統と霊操

対処法を教える。これを支えているのが、修道者において最も重要とされる「霊の識別」と呼ばれる資質である。自らの霊的な生活の指針を求める限りで、隠修士は自ら進んで自分が選んだ霊的師父に服従し、その権威を受け入れる。

　以上、『アントニオス伝』が示すところによれば、隠修士の生活は禁欲的な厳格主義への志向の中で自律的に「悪魔との闘い方」を身につける「霊的個人主義」を特徴としている。孤独な生活の中で「悪魔との闘い」を克服した隠修士は、いわば霊的な自律性を獲得し、自らの経験にもとづいて新参の隠修士に悪魔と闘うすべを指導する「師父」となる。

　先述のとおり、イグナティウスも、ロヨラの病床で経験した回心の時点で、「少しずつではあったが自分を動かす神と悪魔の2つの霊をわきまえるようになった」[20]とされている。つまり、彼はこの時点で自らのうちに働く善き霊の動きと悪魔との存在に気づいていたわけであり、先述のブイエ的な表現によれば修道士が隠修士の道に入る際に経験する霊的な闘いの「第1段階」[21]を終えたことになる。

　回心直後のイグナティウスは家と身分とを捨てて巡礼の旅に出て、マンレサの洞穴で隠棲生活に入っている。イグナティウスがこうした軌跡を辿るに際しては、アントニオス同様、彼が霊的な闘いとしての修徳修行に対する必然性を意識したものと想像することができよう。マンレサ時代のイグナティウスは聖職者でも伝統的な意味での修道者でもなく、身分的には一般信徒の巡礼者に過ぎなかった。そして当初彼はひたすら苦行を求めて洞穴の中で孤独な日々を送っていた。こうした生活の実態において、この時期のイグナティウスの生活はアントニオス以来の「隠修士」の生き方にきわめて近い特徴を示している。

第 1 章 霊操の性格とその成立

　繰り返すが，イグナティウスが『霊操』の基本的な内容を会得するに際して，マンレサの洞穴での体験，特にカルドネル河畔における啓示が決定的であったことは広く認められている。書物としての『霊操』の内容は時間をかけて徐々に熟成していったにせよ，マンレサでの体験が『霊操』の基盤となっていた点は動かないものと思われる。そして先に注目した通り，この時期にイグナティウスは霊操にもとづいて他者を指導することに着手し始めている。このことはその時点で彼が様々な「霊の動き」を経験する中で彼が『霊操』の中核をなす「霊の識別」のほぼ全体像を体得したこと，そして自らが「師父」として他者を指導する自信をもったことを窺わせる。先に引用したとおり，『アントニオス伝』は，20年に及ぶ荒野での隠棲生活の後，「師父」として人々のもとに帰還したアントニオスの姿を印象的に描いているが，カルドネル河畔後のイグナティウスの境地もこれに比することができるように思われる。

　以上概観したとおり，マンレサ時代のイグナティウスは，期せずして東方以来の隠修士の生き方を体験した，と言うことが出来る。『霊操』の中核をなす「霊の識別の規定」の原点は，そうした隠修士的生活の中での善霊，悪霊との体験の中から体得されたもの，ということになる。2節（1）では，イエズス会員には個人としての自律性をもった霊性が求められていた点を指摘した。それは，イエズス会員が霊操によって，人生における一定の時期[22]に集中的に「隠修士」的な体験を授けられることによって保証されていたのではなかろうか。そして霊操の指導者と霊操者との関係は，隠修士とその師父との関係と類比的に理解できるように思われる。世俗社会から身を遠ざけて暮らす隠修士と，社会の中で機動的に生

きるイエズス会士との間には一見大きな隔たりがある。しかし、「個人の自律的霊性の確立」という点で両者は結びつくのである。

　『霊操』はしばしば霊性史上の独立峰と評されるが、「隠修士」的な精神をイグナティウスに伝えた二つのルートを認めることができる。それは中世末期のヨーロッパに成立した「新しい敬虔 devotio moderna」と呼ばれる宗教運動、そしてイグナティウスの回心の契機となったルドルフ・フォン・ザクセンを介してのカルトゥジア会の霊的伝統である。

(2)　イグナティウスと隠修士 (2) ――「新しい敬虔」

　11・12 世紀には西欧中世世界に大きな変化が訪れる。都市の台頭と貨幣経済の発達という社会の変化は、一方では「個人」の意識の覚醒をもたらし、他方では経済的な格差を生じ、貧しい人々の声にキリスト教がいかに応えるかという宗教的課題をもたらした。そうした中でキリスト教世界内部において霊的刷新に向けての運動が高まった。そのような社会的背景のもとに、土地所有と定住を枠とするベネディクト的修道パラダイムを脱して遍歴の説教者として生きる「托鉢修道会」という新しい修道パラダイムが成立した。また 12 世紀末から 13 世紀にかけて、修道誓願を立てることなく、一般信徒の資格のまま「半聖半俗」の敬虔な生活を営む「ベギン」と呼ばれる女性たちが西欧各地に出現した。これらの動きは、11・12 世紀の西欧キリスト教世界に巻き起こった「使徒的生活」を標榜する「隠修士」志向の運動として位置づけることが可能である。その特徴は、禁欲的な厳格主義への志向の中で個人としての自律的霊性への志向である。

　「新しい敬虔」とは、「14 世紀末のネーデルラントで形成

第1章 霊操の性格とその成立

され，15世紀にベルギー，フランス，スペイン，イタリア等のヨーロッパ諸国，特にライン河に沿ってドイツに進出したキリスト教霊性の刷新運動」[23]である。この宗教運動は，禁欲的厳格主義と，修道院という枠を越えた個人の自律的霊性への志向という点で，托鉢修道会からベギンへと連なる隠修士的精神の系譜につながるものと見ることができる。

ネーデルラントという地には，修道院の枠組みから自由な個人の自律的な霊性を育む風土が息づいていた。「新しい敬虔」の父と言われるフローテ（Geert Groote, 1340-1384），彼に大きな影響を与えたルースブルック（Jan van Ruysbroek または Jan van Ruusbroec, 1293-1381）はネーデルラントの出身であった。ベギンはドイツの地では教区聖職者との対立の結果，異端視され姿を消すが，ネーデルラントでは「ベギンホフ」と呼ばれる自治的空間を与えられ，ベギンという生活形態は長く存続した。このことからも，ネーデルラントという地においてはより自由な個人による自律的な霊性を育む土壌が育っていたことが窺われる。「新しい敬虔」は，ベギンたちの活動と同様に修道院の枠組みから自由な個人の自律的な霊性運動として展開した。そうした傾向は隠修士的な精神につながるものであると同時に，ネーデルラントの宗教風土を反映したものであると言えよう。

「新しい敬虔」は『霊操』に影響を与えた前史としてよく言及されるが，隠修士的な精神をイグナティウスに伝える一つのルートであると言える。この運動に属するゲルハルト・ツェルボルト・ズトフェン（Gerhard Zerbolt van Zuptphen, 1367-98）の『霊的上昇について』とヨハネス・マウブルヌス（Johannes Mauburnus, 1460頃-1501）の『霊的訓練と聖なる黙想のバラ園』という著作は，カタロニアの改革的なモ

ンセラート修道院長ガルシア・デ・シスネロス（Cisneros, 1493-1510 在任）の『霊的生活の訓練 Exercitatorio de la vida espiritual, 1500』に深い影響を与えたと言われている。この著作は修道者と巡礼者のための霊的訓練の手引書であり，1522 年に巡礼者としてモンセラートを訪れた回心直後のイグナティウスは，おそらくこの書の基本的精神にもとづいてシスネロス神父から黙想の指導を受けたものと考えられている[24]。

また 1528 年，37 歳のイグナティウスはヤン・スタンドンク（Jan Standonck, 1443-1504）の影響のもと，「新しい敬虔」の精神を色濃く伝えるパリ大学モンテーギュ学寮で学び，その精神と霊的訓練との影響を受けた。後にイエズス会を設立したイグナティウスは 1540 年に『会憲』を著すが，その会憲はモンテーギュ学寮を母体としてスタンドンクが設立した修道会「モンテーギュの貧者たち Congregation des Pauvres de Montaigu」の規則と非常に類似しており，少なくとも一定の影響関係があることはよく知られている[25]。

「社会進出型」の修道生活の方向を徹底させるイエズス会員たちは，「新しい敬虔」からこの「個人の自律的な霊性」という方向性を受け継いだのである。

(3) イグナティウスと隠修士 (3) ——カルトゥジア会

しかしながら，ベネディクト型の観想修道院という枠の中においても，シトー会やカルトゥジア会のように，11・12 世紀の霊的刷新に向けての運動の高まりの中で個人の自律的霊性を志向する「隠修士」的な理念を追求する動きが存在した。

カルトゥジア会士ルドルフ・フォン・ザクセンの『イエ

第1章 霊操の性格とその成立

ス・キリストの生涯』は，そうした観想修道制の中に息づいていた個人の自律的霊性を志向する「隠修士」的な理念をイグナティウスに伝えるものであった。先述のとおり，『イエス・キリストの生涯』はイグナティウスの回心の契機となった書物である。また，ルドルフの『イエス・キリストの生涯』が提示している黙想方法，具体的には読書・黙想・祈り・観想というカルトゥジア会の霊的修行のプロセスは，『霊操』の「第二週」以降で展開されるイエス・キリストの生涯についての救済史的な黙想においてその基本的な枠組みをなすものとして継承されている。

またイグナティウスはカルトゥジア会の精神に深く共鳴し，回心直後から何度かカルトゥジア会への入会を考えていた。また，パリ修学時代にもカルトゥジア会修道院の近くに下宿してカルトゥジア会共同体のミサに与っていた。「さらにはヴェネツィア滞在中にも聖アンドレア修道院を親しく訪れ，また特にケルンの聖バルバラ修道院とは生涯にわたって深い友情を結んでいた」と言われている[26]。

読書，黙想，祈り，そして観想という霊的な営為の段階についての理解はカルトゥジア会において伝統的なものであった。シャルトルーズ修道院第9代院長グイゴ2世（Guigo II, ?-1188）は『霊的生活についての書簡』の第12章において，読書，黙想，祈り，観想についての4段階について以下のように要約している。

> まず最初に位置するのは読書であって，それはいわば基礎である。それは，我々が黙想のために用いなければならない主題を提供する。黙想は，追求されるべきことがらについて，より注意深く考察する。黙想はあたかも見

5 隠修士の伝統と霊操

つけた宝であるかのように(『マタイ福音書』13:44)それを掘り出し(『箴言』2:4),示すが,その宝をつかむことは黙想の権能には属さないので,黙想は我々を祈りへと向かわせる。祈りは全力を挙げて自らを神へと引き上げて,自らが切望する宝を乞い願う。それ〔宝〕は観想の甘美さ(dulcedo)である。観想が到来するとき,それはこれに先立つ3つの労苦に報いる。それは,天上の甘美さのしずくをもって渇いた魂を陶酔させる。読書は外へと向かう感覚の行使であり,黙想は内的な理解に関わり,祈りは欲求に関わり,観想はあらゆる能力を超えている。第1のものは初心者に,第2のものは熟達者に,第3のものは献身者に,第4のものは至福者たちに固有である[27]。

グイゴが示すところによれば,読書,黙想,祈りはそれぞれ外的感覚,内的理解,欲求という人間的な能力の営為であるが,観想は「至福者たちに固有」で,人間の「あらゆる能力を超えた」もの,つまり神の側からの働きかけ・恩恵に由来するものとして位置づけられている。

観想についてのイグナティウスの考え方にもルドルフの影響が認められるが,イグナティウスにあって語彙としてはこうした伝統的な意味での「観想」の観念が欠如している,と評されたこともあった[28]。『霊操』においてルドルフ,さらにグイゴにまで遡るカルトゥジア会的な意味での「観想」に対応するのは「慰め」の観念であると考えられる。「観想は慰めを伴い,慰めあるところには観想がある」[29]。真正な慰め(原因のない慰め)は神のみが与えうるものであり,神の臨在の直接的な徴であった[30]。ただし,イグナティウスにお

ける「慰め」の観念の独自性は,「慰め」もしくは「観想」は自己目的ではなく,「霊の識別」もしくは「選定」のための指標としていわば手段化されている点にある。

カルトゥジア会は,ケルンのブルーノが,グルノーブル郊外の人里離れた谷間シャルトル(カルトゥジア)の地を司教から与えられ,1084年に6名の仲間とともに創始した修道院を基盤とする修道会である。第5代院長グイゴ(1109-13在任)が『シャルトルーズ修道院慣習律』を編纂して共同体の基本精神を明文化し,1176年に教皇アレクサンデル3世はシャルトルおよびこれに倣う一群の諸修道院を,カルトゥジア会という名の修道会として認可した。『シャルトルーズ修道院慣習律』によれば,「修道士は個室(cella 修室)を与えられ,祝日や特別な日以外は1日の大半を孤独に過ごした。ベネディクト修道士は聖務日課を聖堂で共唱するが,グイゴは祝日以外は朝課と晩課のみを聖堂で共唱し,残りは個室で独唱するように定めた。典礼の式文は孤独の祈りに支障がないように簡略化され,シトー会修道院と同じく,聖堂では華美な装飾が排された。手仕事が義務づけられたが,それも個室で短い祈りを唱えつつ行うものとされた」。さらには「主日と祝日は共同で食事を行うが,それ以外は個室で修道士が調理して,食事をする」[31]と言う。要するに彼らの生活様式は,ベネディクトゥス型の共住生活の枠内で孤独な隠修士の生活様式を可能な限り取り入れたものであった。

(4) 隠修士の両義性と霊操の正統性

ただし,「隠修士への憧憬」は禁欲的厳格主義と個人としての自律的な霊性への志向の標語であったが,一歩誤れば異端への危険を孕む両義的存在であった。カッパドキア3教

5 隠修士の伝統と霊操

父の1人として有名なバシレイオスは,「悪魔との闘い」という課題をも含め, 修友たちが互いに支え合う兄弟愛的な共同体として, 共住修道院という修道スタイルを確立したことでも知られている。バシレイオスは共住の修道生活を推奨するのみならず, そもそも独住の隠修士という生き方そのものに対して批判的であった[32]。おそらくそれは, 自身主教でもあった彼にとって, 隠修士という生き方の中に反教会的・異端的方向への傾きが伏在していたことが問題となったからではないかと思われる。何回か言及したとおり, 隠修士への志向は西方的修道制の歴史の中でも大きな影響を与えており, 特に11・12世紀に様々な身分の人々の間に沸き起こった宗教的高揚の根底には,「使徒的生活」の理想を掲げた隠修士運動の流れがあった。しかし, この場合も隠修士運動ないしは「使徒的生活」というスローガンは, 正統信仰に活力を与える源泉ともなりえたが, ともすれば異端的セクトの旗印ともなりかねない両義性があった[33]。

レコンキスタ以来の社会的背景のもとで, スペインは異端審問の国として知られている。イグナティウスは, 聖職者でも伝統的な意味での修道者でもない一介の巡礼者の身分にありながら, マンレサでの体験の直後から隣人の霊魂のための奉仕, すなわち霊操の指導を開始している。そうした形で他者に対して影響を与えようとする度に, 彼は異端の嫌疑を受けて審問されたり, 投獄されたりする経験を繰り返していた[34]。『霊操』の内容は, その都度, 審問者たちの目に触れたが, 結果としては常に好意的な扱いを受けている[35]。つまり, 『霊操』の内容そのものは度重なる審問の結果, むしろその正統性が確証されていった, と見ることができよう。最終的には, 『霊操』について「検閲を依頼された3人の審査

員(教皇宮廷付き神学顧問ドミニコ会員フォスカリーニ,同じくドミニコ会員でスペイン宗教裁判所長でもあったトレドの枢機卿,そしてローマの教皇代理枢機卿アルキント)は霊操を称賛して止まない見解を述べ」「〔教皇〕パウロ3世はすでに霊操を認証し,1548年7月30日,教皇書簡 *Pastoralis officii*(司牧者の聖務)によって霊操の卓越性を宣言した」[36]。

『霊操』の最後の部分には,「正統的信仰の規定」という文書が収められ,正統教会への従順を主題的に宣言している。しかし,そもそも『霊操』の全体構造自体がその正統性を保証しているように思われる。先述の通り,『霊操』の本体部分は,(Ⅰ)罪の黙想=浄化(第1週)と(Ⅱ)イエスの生涯についての救済史的な黙想とに分かれ,(Ⅱ)はイエスの生涯の場面に対応して,さらに(Ⅱ-1)受肉(第2週),(Ⅱ-2)受難(第3週),(Ⅱ-3)復活(第4週)とに対応している。特にこの(Ⅱ),すなわちイエスの生涯についての救済史的な黙想は,まさにキリスト中心主義的に構成されている。

特に「第2週」冒頭に位置し,(Ⅱ)の部分全体の序章でもある「王の呼び掛け」(または「キリストの国」)の観想は,まさに「王」としてのキリストが霊操者に忠誠を求める呼び掛けであり,その「4日目」に位置する「2つの旗」の黙想は,悪魔の陣営に対峙する「総司令官」キリストへの忠誠を主題としている。そして,自らの人生物語をイエスのそれと重ね合わせる黙想を通してキリストへの,そして教会への忠誠が培われることになる。こうした『霊操』の内容については,回心前の軍人イニゴ時代からの生来の気質であるイグナティウスの篤い忠誠心が反映しているものと言うことができよう。

このことが，2節（2）で指摘した「教会への従順」と「普遍性への志向」を特徴とする霊性を帰結しているように思われる。

6 「無学」による挫折とイエズス会の教育活動への展開

　先述のとおり，イグナティウスはたびたび異端の嫌疑を受けながらも，その都度『霊操』はその正統性を認められていった。しかしながら，イグナティウスは，自分が無学であることに障害を覚えるようになった。たとえば，彼は倫理神学上の知識を欠いているため，「何が大罪で，何が小罪か」を教える（決定する）ことを禁止された[37]が，このことはイグナティウスを大いに落胆させた。彼が晩学であるにもかかわらず，少年たちの間に交じって学問を究めようとしたのは，こうした体験が原動力となっていた。最終的には，イグナティウスはパリ大学で学び，当時最高水準の学問を身につけることになる。また，彼の周囲に集まった同志たち，つまり初期イエズス会員たちも，ほとんどがパリ大学で学んだ人々であり，イエズス会は当時最高の高学歴者集団として出発することとなる。そして，最終的にはイグナティウス自身も，その同志たちも，叙階を受けて聖職者となり，イエズス会は修道司祭の集団となるのである。

　当初，イエズス会は，教育事業を目的とする教育修道会となる意図は持たず，司牧活動を主要任務とする修道会としての自己認識に立っていた。しかし，イエズス会は高学歴者集団としてのアイデンティティを自らの伝統とし，後から入会する会員にも当時の最高レベルの教育を受けさせようとし

た。このことが、やがてイエズス会と教育事業とを結びつかせる契機となる。そのプロセスは、イエズス会が「コレギウム」と呼ばれる施設を持ち、その「コレギウム」が次第に「学校」としての性格を帯びてゆく形で進展した[38]。コレギウムは最初は大学で学ぶ学生たちの「寮」に過ぎなかった。イエズス会も、当初パリ大学で学ぶ新たな会員のために学寮としてのコレギウムを1540年に開設した。しかし、コレギウム内で学生と生活をともにする正規の教授資格を有する教師が授業を行うようになるとそれは教育施設となる。イエズス会は、ヨーロッパではこのタイプのコレギウムを1545年にスペインのガンディアで最初に開設する。付近に適切な大学がなかったからである。翌1546年に、ガンディアのコレギウムで学ぶことを希望したイエズス会外部の一般学生を受け入れたことを契機として、イエズス会は外部生の教育を手がけることとなる。やがて1548年、シシリア島のメッシーナに、イエズス会外部の学生を教育することを第1の目的とするイエズス会コレギウムが創設され、これが今日的な意味での「イエズス会学校」の草分けとなる。この頃からイエズス会は教育活動を会の主要な使命として受け止め、これに積極的に取り組む方向へと方針を転換している。イグナティウス自身、すべてのイエズス会学校のモデル校となるコレギウムをイエズス会本部が置かれているローマに創立する計画を1549年に公表した。その結果、1550年以降主としてイタリアにおいてイエズス会学校は飛躍的な増加を見ている。イグナティウスが没した1556年の時点で、ヨーロッパ各地に合計30校余りの外部学生の教育を主目的とする今日的な意味でのイエズス会学校としてのコレギウムが開設されていた。当初の予想を上回るイエズス会学校の躍進の結果、イエズ

会はその経営する学校の統一的な指針となる『イエズス会学事規程』を起草することになる。イエズス会は，その最初の草案が発表された1586年には162校，決定版の『イエズス会学事規程』が制定・公布（1599年）された直後の1600年には，実に245校ものコレギウムを運営していた。こうして，イエズス会は教育活動を軸としてその使徒的使命を果たす修道会として発展してゆくこととなる。

しかしこのことは，当初はイエズス会が当時最高の高学歴者集団であったことから副次的に派生した事態であった。そして，イエズス会が学問を重視する高学歴者集団となったのは，イグナティウスがいわば隠修士として「霊操」の指導に乗りだしたことの結果とも言えるのである。つまり，彼は無学な隠修士として活動することに挫折を経験したが故に，かえって最高水準の学問を追求することとなったのである。このように，2節（3）で指摘したイエズス会の教育活動への展開も，間接的ではあるが，イグナティウスの隠修士的な体験がもたらしたもの，ということができるように思われる。

7 結　語

本章では，まずイエズス会霊性の特徴として，個人としての自律的な霊性，教会への従順と普遍性への志向，そして教育活動への展開という3点を指摘した。そしてこれらイエズス会霊性と『霊操』との関係について，特に『霊操』の霊性には東方修道制以来の隠修士の霊性と共通するものがあったとする指摘から解明を試みた。

まず，そもそも霊操とはイグナティウス自身が隠修士的な生活を送る中で，善悪の霊との出逢いを体験することにより

第 1 章 霊操の性格とその成立

成立し、またイエズス会士たちは霊操によって生涯の一時期集中的に隠修士的な体験をすることにより、霊的個人主義を特徴とする隠修士の自律的霊性を身につけることになった、と指摘した。

また、隠修士への志向は常に異端的傾向への危険を伴う側面を有しており、イグナティウスも再三にわたり異端の嫌疑を受けた。しかし、その都度教会当局からは、自らの人生物語をイエスのそれと重ね合わせる黙想を通してキリストへの、そして教会への忠誠を培う霊操が本質的に有するキリスト中心主義的な性格の正統性が確認され、また、イグナティウスの教会への従順と忠誠も確証されていったものと考えられる。

さらに、無学な隠修士（巡礼者）であることが、霊操によって人々に霊的に奉仕する、という自らの使命にとって妨げとなった経験から、イグナティウスは学問を究め、やがて司祭に叙階されることとなった。その結果、イエズス会は高学歴の聖職者集団となり、そのことがやがてイエズス会を教育活動という使命へと展開させることになるのである。

以上、『霊操』の隠修士的性格が、冒頭で 3 点指摘したイエズス会霊性の基本的特徴をもたらしたことが明らかになったように思われる。

第 2 章
『イエズス会学事規程』における
イエズス会学校

1 はじめに

　本書は，特にいわゆる「キリシタン時代」におけるイエズス会の日本への宣教活動について，教育事業を中心に紹介することを意図している。前章でも触れたとおり，イエズス会が現代に至るまで学校教育の領域で大きな影響力を示してきた修道会となる契機となったのは当時最高の高学歴者集団であったことから副次的に派生した事態であった。イエズス会学校の教育システムは，数回の改訂を経た後，1599年に決定版が公布された『イエズス会学事規程 Ratio studiorum』においてその完成された姿を示し，以後数世紀にわたってのイエズス会学校のあり方を決定づけることになる。なお，第五章で後述するように，「キリシタン時代」の日本では東インド巡察師A・ヴァリニャーノの主導のもとに学校が建設されていたが，この事業はヨーロッパにおける『イエズス会学事規程』の編纂作業と時間的には同時的に進行していた。本章では1599年版『イエズス会学事規程』に即する形で，本拠地ヨーロッパにおける当時のイエズス会学校の具体像を明らかにすることを目指したい。

第2章 『イエズス会学事規程』におけるイエズス会学校

2 イエズス会の学校教育への参入と 『イエズス会学事規程』

(1) イエズス会の学校教育への参入

当初，イエズス会は，教育事業を目的とする教育修道会となる意図は持たず，司牧活動を主要任務とする修道会であった。1541年における最古の『イエズス会会憲草案 Constitutiones anni』には，フランシスコ会，ドミニコ会などの修道会とは異なり，イエズス会は哲学や神学などについての学問的研究，コレギウムや大学における講義を担当しないことが明記されている。しかし，イエズス会はパリ大学で学んだ同志たちによって結成された出発当時から最高レベルの高学歴者集団であり，後から入会する会員にも当時の最高レベルの教育を受けさせようとした。このことが，やがてイエズス会と教育事業とを結びつかせる契機となる。そのプロセスは，イエズス会が「コレギウム」と呼ばれる施設を持ち，その「コレギウム」が次第に「学校」としての性格を帯びる形で進展した。そこでまず，イエズス会コレギウムの発展史を簡単に概観したい[1]。

「コレギウム Collegium」とは，元来は大学の「学寮」を意味していた。そこは，学生たちによる自発的な「復習 repetitio」「討論 disputatio」の場ではあっても，大学正規の教育活動，すなわち「講義 lectio」の場ではなかった。これを「第一タイプのコレギウム」と呼ぶことにしよう。やがて，学寮たるコレギウムに学生とともに住む教授資格者が，コレギウム内で講義を行うようになると，コレギウムはそれ自体教育機関である「学院」としての性格を帯びる。これを

2 イエズス会の学校教育への参入と『イエズス会学事規程』

「第二タイプのコレギウム」と呼ぶ。「第一タイプ」「第二タイプ」のコレギウムはイエズス会が成立するはるか以前から存在していた。

イエズス会のコレギウムは，イエズス会員としての養成を受けるべく勉学しつつある「修学修士 scholastici」のための学寮，すなわち第一タイプのコレギウムとして出発している。すなわち，1540年，必要な勉学をまだ修了していない会員をパリの大学で学ばせるために，イエズス会会員専用の学寮としての最初のイエズス会コレギウムがパリに成立した。その後同様のコレギウムが，1542年にポルトガルのコインブラ，イタリアのパドヴァ，ベルギーのルーヴァン，1544年にはドイツのケルン，スペインのバレンシア，1545年にはやはりスペインのバルセロナ，1546年にはイタリアのボローニャと当時の西ヨーロッパの主要な大学都市に相ついで創建された。この第一タイプのコレギウムでは，修学修士たちはその地の大学に通って勉学をしたのである。

第二タイプのコレギウムは，1545年，スペインのガンディアに成立する。それは，イエズス会がこの地にコレギウムを獲得したが，近くに有力な大学が存在しなかったため，教授資格を有するイエズス会会員が，修学修士たちに正規の哲学関係の講義を定期的に授け始めたことによる。しかし，この第二タイプのコレギウムも第一タイプのそれと同様，イエズス会員である修学修士のための対内的な教育施設を意図したものであった。

そのガンディアのコレギウムにおいて，1546年，イエズス会外部の一般の青少年が修学修士を対象とする哲学の講義を聴講することを希望し，これを受け入れたことにより，第三のタイプのイエズス会コレギウムが成立することになる。

第2章 『イエズス会学事規程』におけるイエズス会学校

こうして,イエズス会コレギウムが対外的な「学校」という性格をも帯びることになった。これは,ヨーロッパにおいて,イエズス会会員が会外の青少年に定期的かつ正規に講義を授けるようになった最初の事例である。ただし,一般学生はごく少数であり,毎日,外から通学して来た。

こうした第三タイプのイエズス会コレギウムは,あくまでも修学修士が主であり,イエズス会外部の学生はあくまでも例外的に受け入れられるに過ぎなかった。しかし,1548年,シシリア島のメッシーナに,イエズス会外部の学生を教育することを第一の目的とする第四のタイプのイエズス会コレギウムが創設される。これが今日的な意味での「イエズス会学校」の草分けである。これは,文法・人文学,哲学・自由学芸,神学の段階的な三課程を併設した本格的なコレギウムであり,メッシーナ市の人々からの強い要望に応える形で創設された。さらに翌1549年,同じシシリア島のパレルモにも,メッシーナと同様,もっぱら会外の青少年の教育を目的とした第二番目のイエズス会コレギウムが開設された。

こうした動きと表裏をなす形で,この時期イエズス会自身も教育事業を会の主要な使命と受け止め,これに積極的に取り組む方向へと方針を転換している。イエズス会を創立した初代総会長イグナティウス(1491-1556年)自身,すべてのイエズス会学校のモデル校となるコレギウムをイエズス会本部が置かれているローマに創立する計画を1549年に公表した。また,教皇ユリウス3世(1550-55年在位)もイエズス会の性格づけを再確認した教書において,コレギウムや大学での講義を担当することを会としての使命として新たに書き加えている。その結果,1550年以降主としてイタリアにおいてイエズス会学校は飛躍的な増加を見ている。1551年に,

2 イエズス会の学校教育への参入と『イエズス会学事規程』

ローマ，ヴェネツィア，ボローニャ，翌 1552 年にはフィレンツェ，ナポリ，パドヴァ等に，第四タイプのコレギウムが創設された。イグナティウスは 1556 年 7 月に没しているが，その時点でヨーロッパ各地に合計 30 校余りの第四タイプコレギウム，すなわちイエズス会外部の学生の教育を主目的とする今日的な意味でのイエズス会学校が開設されており，さらに 6 校が開校準備中であった。こうしたイエズス会学校の躍進は当初の予想を上回るものであった。そこで，後述するようにイエズス会はその経営する学校の統一的な指針となる『イエズス会学事規程』を起草することになるが，その最初の草案が発表された 1586 年には 162 校，決定版の『イエズス会学事規程』が制定・公布（1599 年）された直後の 1600 年には，イエズス会は実に 245 校ものコレギウムを運営していた。

(2) 『イエズス会学事規程』

このように，予想を超えるイエズス会学校の躍進は，イエズス会自身に教育の分野における自らの使命を自覚させ，『イエズス会学事規程』へと結実する修道会としての統一的な教育指針策定に向けての歩みの原動力となる。その最初の一歩はすでにメッシーナのコレギウムから始まっている。その初代学院長ヒエロニムス・ナダール（1507-80 年）がメッシーナの学院のために立てた教育計画は，後に多少の修正をほどこされてイエズス会学校全体のモデル校となるローマ学院における教育指針の基礎となった。ヤコブス・レデスマ（1519-75 年）は，このローマ学院の教育計画にさらに改訂を加え，イエズス会全体に適用するための統一的な教育計画の作成を目指した。レデスマの企図は彼の存命中に結実するこ

第2章 『イエズス会学事規程』におけるイエズス会学校

とはなかったが,彼の努力の成果は,後の『イエズス会学事規程』に取り入れられ,活かされることとなる。イエズス会学校の急激な発展に促され,1581年開催されたイエズス会第四回総会は最初の『学事規程』起草委員会を任命したが,結論を得るにはいたらなかった。これに代わり1584年,スペイン,ポルトガル,フランス,オーストリア,ドイツ,イタリアの各国を代表する委員からなる委員会が作成した草案に,ローマ学院の担当者,総会長,そしてその顧問たちが検討を加えて1586年版の『学事規程』が成立し,各管区に送られて現場からの意見が求められた。さらにここで寄せられた意見を反映させ成立した1591年版の『学事規程』が再度各管区に送付された。数年をかけて各管区から再度寄せられた提案を検討し,『イエズス会学事規程』の最終版は1599年のイエズス会第5回総会において承認された。この1599年版の『学事規程』は,その後軽微な改訂はされたものの,1773年,ヨーロッパ諸国を支配した国教会主義との対立の結果イエズス会が一時解散させられるまでの間,イエズス会学校教育を決定づける指針として機能し続けることとなる。

以下では,1599年版の『イエズス会学事規程』[2]に即して,イエズス会学校の具体的な姿を浮彫りにすることを試みたい。まず,全体の教育課程は今日で言えば中等教育学校に相当する下級学年(以下「下級コレギウム」と呼ぶ)と高等教育に相当する上級学年(「上級コレギウム」と呼ぶ)とに大別することができるので,以下の論述では,下級コレギウムおよび上級コレギウムとに分けて,それぞれの概要を再構成することとしたい。

3 下級コレギウム

(1) 下級コレギウムの構成

下級コレギウムは,上から修辞学学年,人文学学年,上級文法学年,中級文法学年,下級文法学年の5学年から成る[3]。ただし,初級文法学年の学習に2年間かける場合もあり[4],またイエズス会修学修士は修辞学学年で2年,場合により3年学ぶ[5]ので,全体の修業年限は5-8年間となる。文法学年においては,イエズス会の文法学者エマヌエル・アルヴァレス(1526-82年)が執筆した『エマヌエルの文法書3巻 De institutione grammatica libri tres』か,これに準拠した文法書を用いるべきものとされ[6],文法の3学年は,『エマヌエル文法書』の各3部に対応している[7]。また,下級コレギウムにおいてはラテン語のみならずギリシア語の学習も行われる。

(a) 初級文法学年　この学年は,初歩的な文法事項の認識と,統辞法の初歩を学ぶ。具体的には語尾変化から始まり,動詞の通常構文まで進む。また,2年間で学ぶ場合,下位の学級には,『エマヌエル文法』第1巻より名詞,動詞,初歩的な文法事項,構文に関する基礎的な14の規則および名詞の性が割り当てられる。上位の学級には,第1巻より名詞変化および動詞の過去時制と目的分詞について,また第2巻より統辞法の導入と,非人称動詞のところまでを学ぶ[8]。この学年でギリシア語文法についても,初歩から始めて,単純名詞,「実質動詞 verbum substantivum」(=英語の be 動詞に相当)と単純動詞までを学ぶ*[9]。

(b) 中級文法学年　この学年では、十全ではないものの文法全般を学ぶ。ここで教師は、『エマヌエル文法』の第2巻の始めから文彩的構文までを解説する。あるいは、ローマ学院の方法にしたがって、動詞の通常構文から始めて文彩的構文までを解説してもよい。ギリシア語文法については、約音名詞、屈折動詞、mi 動詞などの若干不規則な変化をする名詞や動詞、および中級学年向けの比較的易しい語形を学ぶ[10]。講述では、専らキケロの『親近書簡集』と、オウィディウスの詩の最も易しいもののみを扱うものとし、学年後期には、ギリシア語の公教要理か、または『ケベースの書き板』を扱いうるものとされる[11]。

(c) 上級文法学年　この学年では、文法の完全な認識を目指し、統辞法全体を最初から復習し、次に、文彩的構文と韻律法について解説される。他方、ギリシア語については、弁証術と弁論の初歩が解説される。講読に関していえば、学年の前期には、弁論家たちのうち、たとえばキケロの『親近書簡集』『アッティクス宛書簡集』『弟クイントゥス宛書簡集』から、最も重要な手紙のいくつかが解説されうる。学年後期には、同じくキケロの『友情について』『老年について』『ストア派の逆説』ほか、これに類する書物が解説されうる。また、詩人たちのうちでは、学年前期には、オウィディウスの悲歌もしくは書簡詩のあるものが、その非キリスト教的要素について吟味し、抜粋された形で解説されうる。後期には、カトゥルス、ティブルス、プロペルイウス、およびウェルギリウスの『田園詩集』のうちのあるものが、やはり吟味・抜粋された形で解説されうる。あるいは、同じウェルギリウスの比較的易しい書、たとえば、『農耕詩』の第四

3　下級コレギウム

や,『アエネイス』の第五・第七のような書を解説してもよい。ギリシアの作家たちのうちでは,聖クリュソストモス,アエソポス〔イソップ〕,アガペトスほか,これに類する作家たちが解説されうる[12]。

(d) **人文学学年**　この学年は,文法の諸学年を修了した後の生徒たちが雄弁の基礎を準備する段階である。このことは,(1) 言語の認識,(2) ある程度の教養,それに,(3) 修辞学に関係する諸規則についての簡潔な概説という三つのことにより達成される。

(1) 言語の認識は,主として言葉の的確さと豊かさに存するものであり,日々の講述のなかで解説される。弁論家のうちではキケロのみを解説するものとし,通常,キケロの著作中道徳哲学を含む諸著が用いられる。

(2) 教養をもたらす歴史家としては,カエサル,サルスティウス,リウィウス,クルティウスほか,これに類する人々が解説される。詩人のうちでは主としてウェルギリウスを,彼の『田園詩集』と『アエネイス』第四巻を除いて解説し,ホラティウス作の抒情詩のうち厳選されたものを,また同様に,古代の著名な詩人の手になる悲歌,風刺詩ほかの詩歌が,吟味したうえで解説される。教養は,精神をときどき刺激し,気分を一新させる目的で,言語への注意を妨げない程度に,節度をもって利用すべきものとされる。

(3) 修辞学の諸規則についての簡潔な概説は,キプリアヌスの書にもとづいて,学年後期に教えられる。この時期には,キケロの哲学的な著作は省略し,『マニリウス法弁護』『アルキアス弁護』『マルケッルスのための感謝演説』や,その他,カエサルに対し行われた彼の比較的易しい弁論を取り

上げることができる。ギリシア語については，すべての統辞法を学ぶ。特に，生徒たちがギリシアの作家たちをほどほどに理解し，ギリシア語でなにがしかのことを書くすべを知ることができるよう配慮すべきものとされる[13]。

(e) **修辞学学年**　この学年では，人文学学年における学習を基礎として，「完全な雄弁」へ向けての教育を目指す。完全な雄弁とは，2つの最も偉大な能力である弁論術および詩法を含み（ただし，これら2つのうち，主役は常に弁論術のほうに与えられる），またそれは，単に実益に資するのみならず，装飾にまで気遣うものでもある。一般的にはそれは主として3つの要素，すなわち，(1) 言論の諸規則，(2) 文体，(3) 教養から構成される。

(1) 言論の諸規則は，講述にあっては，キケロの書いた修辞学の書とアリストテレスの『修辞学』，さらに，もし適当と思われるなら，アリストテレスの『詩学』が解説される。

(2) 文体の模範としては，ほとんど唯一キケロが採用される。弁論術の諸規則は弁論〔＝演説〕の中にこそ明白に現れているので，キケロの著作のうちでもただ諸々の弁論だけが講述されるべきものとされる。

(3) 最後に，教養は，諸民族の歴史と習俗から，作家たちの権威から，またあらゆる学問から，しかし，生徒たちの理解できる範囲で控え目に，もたらされねばならない。

ギリシア語に関わる事柄のうち，修辞学に関連するのは，主に，音節の韻律，および，諸々の著者と方言についての豊富な知識である[14]。

3 下級コレギウム

(2) 下級コレギウムにおける授業の実際

原則として時間割は、修辞学学年においては最低2時間、人文学学年及びその他の学年においては2時間半を午前中に設定し、午後にも同じだけの時間が設定されている[15]。これらの学年における学習内容は、作文、講述、復習、コンツェルタティオなどからなる。

(a) 作　文　　文の諸学年においては、土曜日を除いて毎日、宿題の作文が課される。人文学学年と修辞学学年においては、散文の作文は休暇の日と土曜日を除く毎日、韻文の作文は週2回課される。ギリシア語の作文は週最低1回課される[16]。宿題の作文については、通常は一対一で教師から添削を受ける[17]。教師が一人の生徒の作文を添削している間、他の生徒たちには別途課題が与えられる[18]。それは、母国語のラテン語訳、ラテン語文の母国語訳、後述するコンツェルタティオの準備などである

(b) 講　述　　講述の対象は古典に限られる[19]。その手順は以下の通りとされる。

第一に、教師がテキストの文章全体を切れ目なく続けて読み上げる。ただし、修辞学学年と人文学学年において、読み上げるべき一連のテキストが長くなってしまう場合は切る。

第二に、教師は簡潔に論題を提示し、必要なら、先行する論題との繋がりをも提示する。

第三に、段落を一つひとつ取り上げ講述していく。ラテン語で釈義を行う場合、意味の不明瞭な文章を説き明かしたり、一つの文章を他の文章と結び合わせたりする。同一の思想内容をより意味の明白な文章表現で述べることによって、

第2章 『イエズス会学事規程』におけるイエズス会学校

テキストの文章の思想内容を明らかにする。俗語（母国語）で釈義を行う場合は，できる限り，語の配置をラテン語原文のままに維持すべきものとされる。それは，学習者の耳が，原文のもっていた韻律に慣れていくためである。俗語ではラテン語原文どおりの語の配置を守ることができない場合，全文をほぼ逐語的に解説した後に，俗語の習慣に合わせて解説するようにする。

第四に，教師はもう一度冒頭から読み返しながら，その学年にふさわしい考察を述べる。ただし，解説そのものの過程にこれらの考察を組み込んでしまってもよい。教師は，テキストから何らかの考察を引き出せると考えたならば，解説を中断して，あるいは講述が済んだ後に解説とは切り離したかたちで考察を書き取らせる。ただし，かかる考察は数多くてはならない。一般に文法学年の生徒たちは，原則として教師の考察を筆記しない[20]。

(c) 記憶の修練および復習　生徒たちは，暗記した講述を，後述する班長（デクリオー）たちに対して復唱すべきものとされる。ただし修辞学学年においては，別の慣行を採用してもよい。班長たち自身も，級長（デクリオー・マクシムス），または教師に対して講述を暗唱しなければならない。教師は，班長たちの忠誠を試し，彼ら全員に任務を保たせるため，怠惰な生徒たちや遅刻者たちに対して毎日暗唱を命じる。土曜日には，一週間もしくは数週間分の聴講内容が公開で暗唱される。一巻の書の講述が終了したら，演壇上でその書を初めから発表する生徒たちを選出し，これに褒賞を与えることもある[21]。

前日もしくはその日に行われた講述について，その内容を

3 下級コレギウム

生徒に復唱させる形での復習がなされる[22]。また，土曜日にはその週に講述されたすべての事柄を復習させる[23]。

(d) コンツェルタティオなど 「コンツェルタティオ concertatio」とは，一種の競争的学習方法であり，上級コレギウムにおける「討論」につながるものである。教師が質問し，質問された生徒が誤ったときに競争相手役の生徒たちが訂正するか，あるいは，競争者たる生徒たち自身が相互に質問し合ってなされる。健全な競争心を学習への刺激とするために，時間の許すときはいつでもコンツェルタティオを行うことが奨励されている。その際，争うのは個人個人でもよいし，学級を2チームに分け，両チームから後述する「官位」保有者数名を代表選手として争ってもよい。あるいは，ただ一人の生徒が複数の生徒に挑んでもよい。通常は，官位をもたない者は官位をもたない者を攻撃し，官位保有者は官位保有者を攻撃する。官位をもたない生徒が官位保有者を攻撃し，もし，これを打ち負かしたならば，相手方の官位を自分のものにするか，あるいは，しかるべき褒賞または勝利の徴を与えることもある[24]。また，年に数回，隣接する学年とのコンツェルタティオを行うものとされる[25]。

修辞学学年と人文学学年においては，通常，一週おきの土曜日ごとに，一方の学年が他方の学年を招いて，講述練習かギリシア語・ラテン語による弁論や詩歌の発表会を催す[26]。また，日曜日などの休暇の日には，自主的な研究会が開催される[27]。また修辞学学年では，ときに，教師が与えた脚本により演劇が催されることもあった[28]。

第2章 『イエズス会学事規程』におけるイエズス会学校

(3) 下級コレギウムの教育に共通した特色

まず，生徒たちの信仰心を守り育てるための配慮が強調されている。教師は自分の生徒たちのため祈り，自己自身の敬虔な生活の模範によって，生徒たちを教化すべきであり[29]，また，教師には生徒との私的な会話も霊的な会話とすべきことが求められている[30]。生徒たちが授業開始前に祈ること[31]，全生徒をミサと説教に出席させること[32]，生徒全員に毎月告解をさせること[33]が定められている。特に文法の諸学年において，金曜日か土曜日にはキリスト教の教理を学習，暗誦させる場が設けられている[34]。金曜日か土曜日に，教師は半時間，キリスト教教理の解説として以下の諸点を勧める。①毎日，神に祈ること，②特に，聖母のロザリオの祈りを毎日唱えること，③夕べに自己の良心を糾明すること，④頻繁にかつ正式なしかたで，悔俊の秘蹟と聖体の秘蹟にあずかること，⑤有害な習慣を避けること，⑥悪徳を嫌悪すること，⑦キリスト教的な人間に相応しい諸徳を培うこと[35]。土曜の夕方近くには，生徒を聖母マリアの連祷と信心に参加させる[36]。また教師は，霊的な読書，とりわけ聖人たちの生涯を読むことを強く生徒たちに勧めるべきものとされる[37]。

また，日常生活の中でもラテン語を身につけるため，ラテン語が十分に話せない下級生以外，教師も生徒も学院内で俗語で話すことは禁じられ，ラテン語で話す習慣を守ることが要求されている[38]。

注目すべきなのは健全な競争・名誉心を勉学のための刺戟としている点である。

優れた生徒には「官位」が授与され，名誉が与えられる。最も優れた作文を書いた生徒たちは最高の官位を，次点の生徒たちはその他の名誉ある称号を獲得するものとされる。な

お，それらの官位・称号の名称は，学殖の風がより強く感じられるように，ギリシアまたはローマの民事ないし軍事の官職名からとられる。その際，競争心を刺戟するために，学年を2つのチームに分けて，各チームが自分たちの官位保有者を擁するようにする場合もある。この場合，一方の官位保有者たちは他方の官位保有者たちの対抗者であり，生徒の一人ひとりが自分の競争相手をあてがわれることになる。また，双方の最高官位保有者たちは，着席の際に第一等の座席を得るものとされる[39]。

また，「デクリオー decurio ＝ 十人組長」の名で呼ばれる班長，「デクリオー・マクシムス decurio maximus ＝ 十人組大隊長」の名で呼ばれる級長が任命された。班長たちは，他の生徒たちによる暗誦を聴いたり，教師のために作文を集めたり，生徒のある者が記憶違いをして宿題の作文を忘れたときや作文の原稿を持って来なかったときに記録するなど，教師から命じられた一定の管理の職務に従事すべきものとされる[40]。

4 上級コレギウム

上級コレギウムは，完全な形においてはそれぞれ3年および4年と定められている哲学課程[41]および神学課程[42]とから構成されている。ただし哲学課程1年目の学生たちは入学後，その後の進路を決めるための試験を受ける。成績上位の者は，哲学の学習を続行させられるが，成績下位の者は倫理神学課程，つまり学問研究ではなく小教区の司牧等に従事するための司祭養成コースに向かわされることとなっていた[43]。また，年齢や才能などの条件により，当初から哲学や

第 2 章 『イエズス会学事規程』におけるイエズス会学校

神学を学ぶ可能性はないが，下級コレギウムで文法や修辞学を教える教師となるためにイエズス会入会を認められる会員もいた。これらのイエズス会士たちにも，倫理神学を学び，司祭となる機会が与えられた[44]。

(1) 哲学課程

哲学課程は 3 年と定められている[45]。その第 1 学年生は「論理学学年生 Logici」，第 2 学年生は「自然学学年生 Physici」，哲学課程最終学年（第 3 学年）生は「形而上学学年生 Metaphysici」と呼ばれる。

哲学課程では，講述を毎日 2 時間，1 時間は午前に，もう 1 時間は午後に行うものとされる[46]。講述の対象は，その教えのうちに，あらゆる学術機関が是認する教説，とりわけ，正統信仰と相容れない要素が含まれている場合を除き[47]基本的にはアリストテレスである。つまり，哲学課程の学習内容はアリストテレス哲学の主要部分を学ぶことに存する。その際，アリストテレスの本文を最も重んずべきものとされ[48]，キリスト教的信仰に役立たないアリストテレス註解者たちは排除される[49]。特にアヴェロエス[50]。哲学教師は，アヴェロエス派，アレクサンドロス派などそうした学派にコミットしてはならず，自分の学生たちをもコミットさせてはならない[51]が，トマス・アクィナスには従うべきものとされる[52]。

(a) 第 1 学年——論理学　最初の約 2 か月間は，イエズス会士である論理学者が著した概説書の中から比較的必要と思われる事項を解説することによって，論理学の概論が教えられる[53]。論理学概論においては，そもそも論理学が学 (scientia) であること，それはいかなる対象についての学で

あるかということ，および，二次的思考対象に関するごく僅かのことだけを論じるものとされる。普遍概念についての十全な議論は『形而上学 Metaphysica』に譲られる[54]。

アリストテレスの『範疇論 Categoriae』についても，よく言及されるごく易しい範疇のみを扱い，それ以外は最終年に回される。ただし，極めて頻繁に議論に出てくる「類比」および「関係性」の概念については，論理学学年でも十分とり上げる[55]。アリストテレスの『命題論 Perihermenias』第2巻と『分析論前書 Analytica Priores』全2巻を，前者の第8章，第9章を除き，概説書を用いて簡潔に扱う[56]。『トピカ Topica』および『詭弁論論駁 De sophisticis Elenchis』に含まれる諸々のトポスと詭弁論法については，より適当な順序に編み直したうえで，論理学学年のはじめに簡潔に解説するものとされる[57]。

後続する哲学課程の第2学年は自然学に関する事柄にそっくり充てられるので，第1年目の終わりのほうでは，そのための導入が企てられる。そこでは，諸学の分類，抽象，思弁的なもの，実践的なもの，諸学問間の従位関係，アリストテレスが『自然学』第2巻で述べた自然学と数学における異なる方法・手順，そして最後に，『霊魂論』第2巻で述べられる定義に関することなど，『自然学』の緒論に当たるものがまとめて論じられる[58]。

(b) **第2学年——自然学**　第2学年では，『自然学 Physica』全8巻，『天体論 de Caelo』の諸巻および『生成・消滅論 de Generatione et Corruptione』の第1巻を解説するものとされる。『自然学』8巻中，第7巻と第8巻の本文については概説書を用いて教え，第1巻のなかの，古代人た

ちの諸説について述べた部分も同様とする。第8巻においては，エイドス的数，自由，および第一動者の無限性については何も論じず，これらについては第三年目に扱う『形而上学』のなかで，しかもただアリストテレスの意見にのみもとづいて論ずることとする[59]。『天体論』の第2，第3，第4巻の本文は短く触れるにとどめ，大部分は触れずに済ますものとされる。これらの諸巻においては元素に関する少数の問題だけを扱い，天空についてはただ，その実体と諸々の影響だけを扱う。その他の問題は，数学の教師に任せるか，または概説のかたちでまとめて示すものとされる[60]。『気象学 Meteorologica』は，夏の数か月間，午後の最後の授業時間を用いてひととおり扱うものとされる。『気象学』の講義は，別により適任者がいるのでない限り，哲学教師が担当するものとされる[61]。

この第2学年において，数学の学習が行われる。数学教師は，自然学学年生に対し，学年を通して約4分の3時間，エウクレイデスの『幾何学原論』を解説すべきものとされる。さらに，学生たちが幾何学原論を2か月ほど学んだ後では，地誌や天球などに関する原論を加えるものとし，それをエウクレイデスとともに，同じ日にか，あるいは一日おきに教えるものとされる[62]。毎月もしくは隔月で，哲学課程生と神学課程生の大きな会合の場で，数学のある有名な難問が，学生たちの一人によって解き明かされ，適当と思われるならばその後で議論が行われるように数学教師は配慮すべきものとされる[63]。

(c) 第3学年——形而上学　第3年目には，『生成・消滅論』の第2巻，『霊魂論 de Anima』および『形而上学

4 上級コレギウム

Metaphysica』の諸巻を解説するものとされる。『霊魂論』の第1巻中、古代の哲学者たちの諸説については概略的にひととおり触れるにとどめる。第2巻では、感覚器官について解説する際、解剖学その他、医学の領域に逸脱しないよう注意する[64]。『形而上学』において、神およびエイドス〔＝イデア〕に関する諸問題は、神学に委ねて触れずに済ますものとされる。他方、同書の序言、および第7巻と第12巻の本文は、これを大部分、入念に解説すべきものとされる。その他の巻については、各巻から殊に重要な若干のテキストを、いわば形而上学学年の学生に関わる諸問題の基礎として抜粋して解説される[65]。

この第3学年において「道徳哲学」、すなわちアリストテレスの『ニコマコス倫理学 *Ethica Nichomachia*』についての講義が行われる。毎日、4分の3時間または半時間『ニコマコス倫理学』に関わる重要度の高い諸問題を解説する講義が行われる[66]。道徳哲学教師の任務は神学上の諸問題の方へ逸れていくことなく、『ニコマコス倫理学』全10巻に含まれている道徳的知識の重要事項を、本文に即して解説することにあるとされる[67]。

(d) **哲学課程での復習と討論**　講義の終了後、学生は半時間、聴講内容を互いに復習しあう。この復習はおよそ10人ずつで行い、できればイエズス会に属する学生のうちの一人がそれぞれの班（十人組）の司会を務めるものとされる[68]。第2学年における数学の復習は、月に一度、通常は土曜日に、講述に代え、その月に解説された最重要な事柄について公的に行うものとされる[69]。第3学年における倫理学の復習は、少なくとも15日に1度実施される[70]。

第2章 『イエズス会学事規程』におけるイエズス会学校

月例の討論を催し,そこでは午前中に少なくとも3名の学生,午後に同数の学生が抗論を行うものとされる。最初の学生は1時間,その他の学生は約4分の3時間,抗論する。午前中は,まず第一に（神学課程生の数が間に合えば）一人の神学課程生が一人の形而上学学年生に反対の立場で論じ,形而上学学年生は一人の自然学学年生に反対の立場で,自然学学年生は一人の論理学学年生に反対の立場で論じる。しかるに午後は,形而上学学年生は形而上学学年生と,自然学学年生は自然学学年生と,論理学学年生は論理学学年生と議論する。同様に,午前中は一人の形而上学学年生,午後は一人の自然学学年生が,一つか二つの結論を短く,哲学的なしかたで立証するものとされる[71]。哲学の教師が一人しかいないところでは,教師は年に3回か4回,祝祭日もしくは他の祭日に,常よりも荘厳な討論会を催さねばならない[72]。形而上学学年では,道徳哲学が学ばれるので,学生たちが討論を行う際には,常に,結論の中にある何らかの倫理学的な提題を一つまじえる[73]。

(2) 倫理神学課程

イエズス会士専用の倫理神学の課程が置かれた学院においては,管区長は2名の「倫理神学 Casus conscientiae（＝良心判例学）,Casuistica」の教師を配置し,この2名は,当分野に関わるすべての講義内容を互いの間で分担し,2年間,解説する[74]。「Casuistica」とは,現代「決疑論」と呼ばれるもので,「特定のケースにおいていかに行為すべきか」を決定する議論であるが,司牧にあたるカトリックの司祭にとっては最重要課題であった。司祭の重要な使命である「聴罪」は,信徒に対する司祭による倫理的な指導の最前線であった

からである。司祭は、そこで「何が罪であり、何が罪でないか」という形で、決疑論の判断基準を具体的な形で持つことが要求されていた。司祭を養成するに際してこうした要請に応えるのが倫理神学であった。従って、倫理神学の目的は、熟練した主任司祭ないし秘蹟授与者を育成することにあり、教師はその目的のために全努力と全精力を傾注すべきものと定められている[75]。

2名の倫理神学教師のうち一人は、すべての秘蹟と譴責、さらには人間の状態と務めを、2年間にわたって解説し、もう一人の教師は十戒を、やはり2年間解説するものとされる[76]。他方、倫理神学教師には、良心の問題とはあまり関係をもたないような神学上の事柄に深入りすることは慎むことが求められている[77]。

任意の土曜日に講義を省き2時間程度、学年内で教師立会いのもとに、ある提示された結論をめぐっての討論を行う[78]。また、イエズス会の司祭たちは一堂に会し、良心判例をめぐる相互の意見交換会を催す[79]。この意見交換会には、告解を聴く可能性のある司祭たちは全員出席することが義務づけられている[80]。

(3) 神学課程

完全な神学課程は4年である[81]が、上述の哲学課程入学直後に実施される試験において成績中位の者は、その徳、指導力、説教の能力に応じて、2年から4年までの神学の学習が認められる[82]。また、完全な神学課程の4年間を修了した者のうち、さらに徳と天分とにおいて優れた者は、博士または教授資格の学位授与候補者としてさらに2年間、神学の私的学習期間が与えられる[83]。神学課程の学習内容は、主とし

第2章 『イエズス会学事規程』におけるイエズス会学校

てスコラ神学と聖書学である。

(a) スコラ神学のカリキュラム　スコラ神学の学習内容は、ほぼトマス・アクィナスの『神学大全 Summa Theologiae』の主要な内容を所定期間内に概観することである。ただし、トマス以後に確立した神学的内容を受容するため、学生たちにはある程度トマスの教説から離れることは許容される[84]。

スコラ神学の教師が2名いるところでは、一人の教師は、第1学年では、『神学大全』第Ⅰ部の第43問題までを解説する。第2学年では、天使についての内容と、第Ⅰ-Ⅱ部の第21問題までを解説する。第3学年では、第Ⅰ-Ⅱ部の第55問題または第71問題から最後までを解説する。第4学年では、第Ⅱ-Ⅱ部より、信仰、希望、愛（caritas）についての内容を解説する[85]。もう一人の教師は、第1学年では、第Ⅱ-Ⅱ部より正義と法に関する問題と、敬神に関する特に重要な若干の問題を解説する。第2学年では、第Ⅲ部より受肉に関する問題と、可能であれば、秘蹟に関して一般的に、少なくとも比較的重要な若干の問題を解説する。第3学年では、洗礼と聖体の秘蹟について解説し、可能であれば、叙階、堅信、終油の秘蹟についても解説する。第4学年では、悔悛と婚姻の秘蹟について解説する[86]。

神学教師が3名いるところでは、第一の教師は、第1学年では第Ⅰ部より第26問題までを解説する。第2学年では、同じ第Ⅰ部の残りの問題を、可能な限りすべて解説する。第3学年では、第Ⅰ-Ⅱ部の第81問題より前のところまでを可能な限り解説する。第4学年では、第Ⅰ-Ⅱ部の残りの問題を解説する[87]。第二の教師は、第1学年では、第Ⅱ-Ⅱ部

より，聖書，伝承，教会，公会議，ローマ教皇に関する異論を解説する。第2学年では，信仰，希望および愛についての問題を解説する。第3学年では，正義と法，返還と利子，および契約に関する問題をできる限り解説する。第4学年では，もし契約の問題が残っているならその問題と，トマスが敬神と諸身分について論じている問題を解説する[88]。第三の教師は，第1学年では受肉に関する問題を解説する。第2学年では秘蹟一般についてと，洗礼および聖体の秘蹟に関する問題を解説する。第3学年では，悔悛と婚姻の秘蹟に関する問題を解説する。第4学年では，教会の譴責と，残りの秘跡の問題を解説する[89]。

神学教師たちは，自分が解説すべき諸問題のそれぞれを，指定された学年の内に終えなければならないものとされている[90]。

スコラ神学に進歩するために，以下の4点に深入りすることを慎むべきものとされている。その第一は，聖書に固有の諸問題と注釈を含むものである。これらについては聖書解釈学者に委ねるものとされる。第二は，異端者に対する論争に関する事柄である。第三は，哲学的な事柄である。第四は，倫理神学に属する具体的事例の詳細である[91]。

(b) **聖書学**　聖書学の教師は，以下のことに留意すべきものとされる。すなわち，字義的な意味に優先的配慮をすべきこと[92]，高位聖職者と公会議の解釈を守るべきこと[93]，教父たちの足跡に従って歩むべきこと[94]。また，聖書のいかなる箇所であれ，もしそこが重要でもなく，ゆっくりと時間をかける労を執るだけの価値もない箇所なら，先へ進むのが遅くならないように，あまりそこに長くとどまりすぎてはい

けない[95]。また，聖書学教師は，聖書に固有の問題をスコラ神学の流儀で扱うこと[96]，年代史やそれに類する事ども[97]，寓意的解釈[98]，異端者による異論などに深入りすること[99]は避けるべきものとされる。

聖書学教師は，ときに別様にすることがより有効であると判断されるのでない限り，新約と旧約とを一年交替で交互に解説し[100]，毎年新たな書を講述すべき[101]ものとされる。

神学課程生は，原則としてヘブライ語の講義を1年間，神学課程の第2年もしくは第3年目に聴講する[102]。ヘブライ語の教師は新約聖書と七十人訳聖書のためにギリシア語が達者であるだけでなく，カルデア語とシリア語にも通じていることが望ましいとされる[103]。

寮舎内における週に一度の復習に加え，ときとして食堂においても，学院長の定めるしかたで復習の講義が行われねばならない[104]。また，ときには通常の講義に代えて，学生のある者を指名し，聖書の中の特に高名な箇所を，美しく，かつ豊かに解説させ，その解説が終わったら，今度は彼の同級生のある者が，彼とは反対の立場から抗論を行うものとされる。ただし，その立論は，聖書の様々な箇所か，諸言語の慣用語法か，あるいは教父らの解釈にもとづかなければならない[105]。

(c) 神学課程における討論など　神学課程における討論には，週例討論，月例（共同）討論，公開討論会がある。公開討論会は現代における学位公開審査に近いものであるが，さらに個人公開討論会と一般公開討論会とがある。週例討論は原則として土曜日に，学級内において，2時間以上の時間をとって催される[106]。月例（共同）討論は，夏の最後

の3か月を除く毎月,学生数が少ない場合は隔月に,定められた日の午前か午後に開催される。この共同討論会においては,教師の数と同数の学生が,一人ひとり,教師の提示する問題を弁護するものとされる[107]。

神学の第4学年,または第4学年の神学課程生が少ない場合には第3学年に,公開討論会が行われる。それは,イエズス会の学生が寮舎内で神学を聴講する場所において,会外生も招いて行われる[108]。公開討論会には,個人公開討論会と一般公開討論会とがある。個人公開討論会は最低2時間半,午前中のみか,午後のみで行われ,少なくとも1名の博士を含む3名により抗論(批判的反論)を受けなければならない[109]。一般公開討論会は,個人公開討論を行った全員を参加させる必要はなく,天分と弁舌の才に秀でた者たちだけを選抜してもよい[110]。一般公開討論会は,通常,神学全般を包含するものとし,一日中かけて行われる[111]。そこにはイエズス会学校において神学を修了した成績優秀な卒業生,イエズス会内外の博士ならびに高貴なる人々が列席し[112],その結論は,必要に応じて同年に弁論を行う予定のイエズス会の全学生に共有され,公刊されることができる[113]。

5 結　語

以上,『イエズス会学事規程』が規定するイエズス会学校の具体像を概観してきた。

下級コレギウムの教育課程はラテン語とギリシア語とについての徹底的な言語能力の訓練であり,まさに人文主義の姿勢に貫かれている。その点,同時代におけるプロテスタント学校もほぼ同様の教育方針にもとづいている[114]。これに対

第 2 章 『イエズス会学事規程』におけるイエズス会学校

して、上級コレギウムにおいては、主としてアリストテレスに準拠した哲学と、聖書研究と結合された形で、主としてトマス・アクィナスに準拠したスコラ神学とが主体となっている。以上の特徴を一言で言うならば、『イエズス会学事規程』の教育理念は、キリスト教的人文主義を土台とし、これをスコラ学と総合することにあった、と見ることが出来よう。

文法諸学年は概ね現代日本の中学、人文学および修辞学学年は高校に相当すると見た上で現代と比較した場合、まず気付くのは下級コレギウムにおける「理科」の不在である。「理科」（今日の自然科学）に相当するのは、哲学課程二年生が学ぶ「自然学」のみである。これは、近代を特徴づける「自然科学革命」およびその結果である産業革命以前という時代を反映している。19世紀に復活したイエズス会が1832年に制定した改訂版の『学事規程』では、哲学から分離独立した自然科学、特に物理学の意義が強調されている。暗黙裡に自然科学に優位を認める知的雰囲気は現代にまで及ぶが、19世紀から20世紀までの歴史を経験した多くの現代人は、少なくとも自然科学万能主義を信奉しはしないだろう。ここで文明論的な問題に深入りは出来ないが、人文主義の教育理念は今日でもなお、少なくともこの問題に対する一つの対案的なモデルとしての意義を示し続けている。言語訓練に徹底している分、生徒たちは当時の世界共通語であるラテン語に関しては現代の生徒における国語、ギリシア語に関しても現代日本の生徒における英語程度以上の言語能力を身につけていたと想像される[115]。知性は言語を通して働くので、このことの意義は大きい。

上級コレギウムを特徴づけるのは、アリストテレス哲学およびトマス・アクィナスを中心とするスコラ神学の学習であ

5 結　語

る。この点で、イエズス会の高等教育はプロテスタント系の人文主義教育とは袂を分かつ[116]。ここで、スコラ学の研究を専門とする筆者から見て一つの問題が指摘できる。トマスはたとえば『神学大全』のような体系的な書物においても、一つ一つのテーゼ（命題）を扱う「項 articulus」において、異論と反対異論とが相争い、主文においてトマスが対立する論点を整理し、異論にも回答する、という「討論」の場を再現している。トマスが主文で示す結論は、あくまでもトマスによる真理への漸近的営為の最前線を示すものであった。しかし、トマスによる莫大な知的営為の成果を限られた時間で学ぶためにはやむを得ないこととは言え、イエズス会教育に限らず、中世後期から近代にかけて、スコラ学はトマスによる結論のみの紹介を意味することとなってしまっている。イエズス会コレギウムでもスコラ神学の学習に際してはそうした方法が採られていたようである[117]。このことは、スコラ学本来の知的ダイナミズムを損なう危険があり、デカルトらによる「スコラ学」への悪評に結びついた点は認めなければならない。しかしながら、コンツェルタティオを基礎とし、討論が重視されている点で、イエズス会の教育課程の中にはスコラ学の方法的精髄が伝えられていたことは認められるべきであろう。

第3章
A・ヴァリニャーノの外的旅路
――その生涯と業績[1]――

1 はじめに

　イエズス会東インド巡察師アレッサンドロ・ヴァリニャーノ（Alexandro Valignano S.J. 1539-1606）は，16・17世紀の初期日本教会の指導者として，フランシスコ・ザビエルに次ぐ重要人物として知られる。特に彼が時代を4世紀も先取りして，第二バチカン公会議前後から現代のローマ・カトリック教会における基本方針とされるに至るアコモダティオ（適応主義）の先駆的存在であった点で高く評価されている。彼が中国や日本で断行した布教政策は，大航海時代として知られる当時において前例のないものであり，まさに革命的というべきものであった。当然，同時代人たちからの激しい反対に直面したし，その他にも様々な障害に遭遇したため，必ずしも十分な成果を収めることはできなかったが，当時彼がとった布教方針は現代のカトリック教会にも大いに示唆をもつものである。ただし，ヴァリニャーノの業績を単に彼個人の英雄的資質やカリスマに帰するだけではその真の意義を理解することはできない。本章および次章では，ヴァリニャーノがその布教方針を確立するにいたるまでのプロセスを振り返り，彼が直面した状況とその困難とに対していかに対峙し

ようとしていたのかを，可能な限りその内面にまで立ち入って明らかにすることを目指す。

叙述の構成としては，まず本章においてヴァリニャーノの生涯と業績とを通史的に概観する。次いで次章においてはそうした外面的軌跡を支えた彼の内面的な霊性の一旦を明らかにする。まずは，ヴァリニャーノの生涯と業績，つまり彼が外的な行動面で示した旅路を概観しておきたい。

2　来日までの旅路

(1) イエズス会入会まで

ヴァリニャーノは，1539年，イタリアはナポリ王国キエーティで名門貴族の家に生まれた。彼はヴェネツィア共和国領内の伝統校パドヴァ大学で法律を学び，1557年には18歳で学位を得た。パドヴァはルネサンス文化の中心地のひとつとして知られており，そこで得た人文主義的教養はヴァリニャーノの思想形成に深い影響を与えたものと想像される。またそこで得た法律の知識は，後にイエズス会東インド管区の責任者として問題を処理する際に彼の大きな力となった。

時の教皇パウルス4世はかつてキエーティの司教をつとめたこともあり，ヴァリニャーノ家とは親交があった。学位を得たヴァリニャーノは直ちに剃髪式を受け，教皇の引き立てによりローマで働くことになった。パウルス4世の死後，1561年には一時パドヴァに戻って学業を続けるが，そこで彼の生涯を一変する事件に遭遇する。1562年，彼は一人の若い女性と口論の末彼女を負傷させ，告発を受けるという不祥事を起こしてしまう。1年半に及ぶヴェネツィアでの監獄生活から釈放されたヴァリニャーノは，ローマに戻り，根底

第3章　A・ヴァリニャーノの外的旅路

から生き方を変えることになった。彼はその罪を全生涯かけて償うことを決意した。彼はスータンの下に常に苦行衣を着けていた，と証言されている。苦労知らずの秀才が経験した挫折と，罪の償いへの想いとは，むしろ後に彼が「神のより偉大な栄光のために」働く際の情熱の源泉へと昇華していったのではないかと思われる。

　1566年，ヴァリニャーノはイエズス会に入会した。イエズス会入会後，彼は哲学をさらに修めるために，イエズス会ローマ学院で学んだ。当時の学友の中に，後にイエズス会総会長となるクラウディオ・アクアヴィーヴァがいた。1570年，盛式誓願を宣立し，ほどなく司祭に叙階される。1571年から一時修練院で指導していたが，その際後に中国宣教で活躍して有名となるマテオ・リッチと出逢っている。

(2) イエズス会東インド管区巡察師への任命

　1573年9月23日，ヴァリニャーノは総会長エヴァラルド・メルキュリアンからイエズス会東インド管区巡察師に任命された[2]。弱冠34歳の彼にとってこれは途方もない抜擢であった。東インド管区巡察師とは，喜望峰から日本に至るまでの広大な東洋地域における布教の責任者として，総会長を代理する権限を帯びて当該地域を巡察する大役である。

　ヴァリニャーノが巡察師という重職に選ばれたのは，彼の才能・資質が高く評価されていたためでもあろうが，彼がイタリア出身である，ということにもよるものと考えられている。つまり，この人事は当時のカトリック世界における，したがってイエズス会内部における2大勢力であったスペインおよびポルトガルのナショナリズムによる影響力を緩和する意図によるものであったと言われている[3]。彼を巡察師に

2　来日までの旅路

指名した総会長メルキュリアン自身もネーデルラント（現在のベルギー）の出身であった。

　当時,「東インド管区」はポルトガル国王の布教保護権の下にあった。スペインの場合,「国家としてのスペイン」自体が政治的統一の面で不安定であり, イエズス会もカスティーリャ, トレド, アラゴン, アンダルシアの四つの管区からなっていた。これに対して, ポルトガルにおけるイエズス会は単一のポルトガル管区からなり, また東インド地域における布教事業はポルトガルの国家的進出と結びついていたため,「国家としてのポルトガル」と「イエズス会管区」という枠組みとが他のヨーロッパの管区に比べ, はるかに緊密な関係にあった。したがって, ポルトガルのイエズス会員たちは, 東インド管区における布教事業は「当然」ポルトガル管区の支配下に従属すべきものと考えていた。

　ヴァリニャーノはイタリア出身である上に, イエズス会に入会してからわずかに7年目の34歳という若さでの抜擢であった。当然のことながらこの人事自体がポルトガルのイエズス会員たちにとっては反感の的となった。東洋に向けて出発する準備のため, ヴァリニャーノはローマを出発してスペイン, そしてポルトガルを訪れる。スペインでの彼を取り巻く雰囲気は暖かいものがあったが, ポルトガルでは彼は敵意に満ちた環境の中で闘わなければならなかった[4]。ヴァリニャーノは, 東洋に対する布教のために派遣する人員として, ポルトガルから見れば「外国人」であるイタリア人やスペイン人を数多く起用した。また, それまでポルトガル管区長に認められていた, 東洋各地のイエズス会員による総会長宛の書簡を開封（つまり検閲）する特権を廃止した[5]。さらには, ポルトガルにあってインド管区の財政支援を担当する

第 3 章　A・ヴァリニャーノの外的旅路

責任者（プロクラドール）として，やはりイタリア人であるヴァッラレジオを起用している[6]。

こうした彼の一連の行動は，総会長の意向に従ったものであり，総会長の意を深く理解したヴァリニャーノがローマから宛てられた詳細な指令に支えられて実行に移したものであった。メルキュリアンおよびヴァリニャーノが意図したところは，「東インド管区の独立の確保」[7]であった。その狙いとしては，一つには多国籍の宣教師団をインドにともなうことによって，まず宣教師の間に国家・民族を超えたキリスト教の精神を確立し，これを基礎として布教地における現地住民との間に融和をはかることにあった。もう一つの狙いは，3 節（4）で後述するように，ポルトガル管区のイエズス会が過度の厳格主義に走る傾向があったため，インド管区に対するその影響力を牽制しようとする点にあった。これらの政策は，後述する日本や中国における適応主義の土台をなすものであった。

ポルトガル管区の強い抵抗にもかかわらず，幸いにもヴァリニャーノは若きポルトガル国王ドン・セバスチャンの支持を取り付けることに成功し，国王は彼に援助と保護とを与えることを約束してくれた[8]。

(3) インドからマカオまで

ヴァリニャーノは，1574 年 3 月 21 日にリスボンを出発し，同年 9 月にインドのゴアに到着した。インドにおいては彼はゴアを拠点としつつ，3 年間にわたって広範囲にわたる巡察を行った。巡察を終えたヴァリニャーノは 1577 年 9 月にゴアを経ち，同年 10 月 19 日マラッカに入った。

さらにヴァリニャーノは 1578 年 9 月，中国宣教の拠点マ

2 来日までの旅路

カオに到着したが、そこで同地のイエズス会員のだれ一人として中国本土への定住を果たせなかったことを知った。マカオ滞在中に、彼は中国布教のための基本戦略を練ることになる。

ヴァリニャーノは、イエズス会員が中国に定住し、宣教活動をするためには、何よりもまず中国語を習得することが大切であると考えた。現地語学習の重視というこの基本姿勢は、後に日本における彼の立場においても貫かれている。彼はゴアの東インド管区本部に手紙を書き、中国布教のための適任者としてベルナルディーノ・デ・フェラリスの派遣を要請した。しかし、フェラリスには他の任務があったため、代わりにミケーレ・ルッジェーリが派遣された。ヴァリニャーノの指示にしたがいルッジェーリは中国語を学習するとともに、協力者としてマテオ・リッチをマカオへ派遣することをヴァリニャーノに依頼した。ルッジェーリとリッチとの二人は1582年8月7日から共同で中国への布教事業に取り組んだ。彼らは初めて中国文化および中国語を理解するヨーロッパ人として、ヨーロッパにおける中国学の先駆者として後世にまで名を残すこととなる。

ヴァリニャーノは、フランシスコ・ザビエル以来、宣教師たちによって情熱的な言葉をもって紹介されてきた日本について強い関心を持ち続けていた。彼は日本から寄せられた情報から日本の国民に対して大きな期待を寄せていた。ただし、後日実際に日本を訪れた時、好都合なことしか書かれていなかった情報と現実との落差に衝撃を受けることになる。

ヴァリニャーノは、日本における布教活動の責任者、フランシスコ・カブラルの要請に応えて、1575年に3名、翌年に14名、さらに翌々年に8名の宣教師をゴアから日本へ派

第3章　A・ヴァリニャーノの外的旅路

遣した。そして，ヴァリニャーノは現地語重視の方針にもとづき，彼らに優秀な日本語の教師をつけて日本語を学ばせるようにとの指示をカブラルに与えている[9]。

　さらにヴァリニャーノは，日本における布教の費用を調達するために，ポルトガル船による生糸貿易の収益を宛てることとした。このことには当時の修道者，教会，政府当局からの抵抗もあったが，教皇およびポルトガル王から他に適当な経済的支援が得られない限り，やむを得ない策であるとして，マカオの商人ならび政府と新たな契約を結んだ。

　準備を終えたヴァリニャーノは，1579年7月7日，日本に向けて出発した。

(4) 第一回日本訪問当初の衝撃

　ヴァリニャーノが島原半島にある口之津港に到着し，はじめて日本の土を踏んだのは1579年7月25日のことであった。この最初の日本滞在は1582年まで続く。

　日本に到着したヴァリニャーノは，様々な意味で衝撃を受ける。その第一は，やや誇張気味に「すべてにつけてヨーロッパとは正反対」と表現したほどの生活習慣の相違に起因するカルチュラル・ショックであった。その第二は，日本についての好都合な情報のみを伝える報告にもとづく日本教会についてのイメージと日本の現実との落差であった。現実の日本布教は数多くの問題を抱えていた。ヨーロッパ人のイエズス会員は日本語に通じることもなければ日本の風習に親しもうともしていなかった。他方，日本人修道士の側も一人の例外を除いてはポルトガル語を解さなかった。イエズス会員と日本人によるキリスト教の共同体との間には不和があったし，イエズス会内部でも日本人はヨーロッパ人に対して不満

をもち、両者相互間の信頼関係は欠如していた。九州地方において、たしかに教会は数の上では多くの信徒を獲得してはいた。しかしその多くは領主の命令で改宗したにすぎなかった。当の領主も南蛮貿易による利害打算から改宗したものと思われた。したがって、キリシタンの領主が戦争で敗れたりして状況が変わると、容易に信仰を捨ててしまう。ヴァリニャーノはこうした現実に大きな幻滅を味わい、直面する困難に衝撃を受けた。

ここでヴァリニャーノが経験した衝撃は深刻なものであり、シュッテの大著は第四章「ヴァリニャーノの布教における危機」を立ててここでの彼の内的な煩悶について主題的に扱っている。この問題については、次章の主題とする。

3 ヴァリニャーノの「危機」と適応主義への道

(1) カブラル

この最初の来日の期間を通じて、ヴァリニャーノは次第にこうした問題の背景に、当時日本における布教事業の責任者であったポルトガル人フランシスコ・カブラル（Francisco Cabral 1533-1609）の方針、特にそのアジア人蔑視の姿勢が大きく作用していたことに気付いてゆく。

最初に日本を訪れたイエズス会士ザビエルは、日本の文化及び日本人の資質を高く評価していた。ザビエルの直接の後継者たちもそうした態度を受け継いでいた。しかしながら、ヴァリニャーノのいわば前任者であったカブラルはそうではなかった。16世紀の「大航海時代」において、一般にヨーロッパ人たちは征服者Conquistadoresとしての姿勢に立ったエスノセントリズムの精神を持ち、土着の文化と宗教に対し

第3章　A・ヴァリニャーノの外的旅路

てはこれを軽蔑する偏見を共有していた。宣教師たちといえども，中には露骨にそうした姿勢を示す者もいた。

> ヨーロッパ人宣教師は，かつての十字軍の闘争的熱情に燃えていたので，彼らの精神は一切の適応観念を拒否していた。彼らは異教の裡にも内在する真正なる宗教的価値を解せず，その信仰と典礼に固有の感情と情緒の価値を認めようとは欲しなかった。また社会構造並びに新改宗者の民族的，心理的特殊性についても同様であった。明らかに不当ではあるが，一方，人間的には首肯できる（ヨーロッパ人の）優越感という固執観念の影響を受けて，彼らは異教徒の信仰のみならず，ヨーロッパのルネサンスの輝かしき体現とは異なる文化的伝統をも抹殺し，根絶しようと意図した。したがって，民族と出生地の如何を問わず，いかなる異教徒といえども，ヨーロッパ化されざる限り，キリスト教徒たるに値しないと考えられていた。[10]

カブラルは軍人出身のポルトガル人で，当時のヨーロッパ人一般に見られたこうしたエスノセントリズムを典型的に具現するような人物であった。ここで，カブラルがポルトガル人であった，という事実に注意を喚起しておこう。大航海時代にあって，ヨーロッパ人たちが新たに「発見」した地域に対するキリスト教布教は，「王室布教保護権 Patronato real（パトロアド）」という言葉に象徴されるように，スペインおよびポルトガルという，当時のカトリック世界における二つの新興の強国による一種の「国家事業」の様相を帯びていた。特に，新大陸においては植民地的征服とキリスト教の

3 ヴァリニャーノの「危機」と適応主義への道

布教とが表裏をなす形でなされていたことはよく知られている。「征服者」としての視点にもとづくエスノセントリズムは、新大陸(「西インド」)においてはスペインの、東洋(「東インド」)においてはポルトガルのナショナリズムと結びついていたであろうことは容易に想像がつく。

(2) カブラルに対するヴァリニャーノの批判

ヴァリニャーノは巡察師として最初に日本を訪れた際、豊後の臼杵で第一回協議会を開催した。その席上、それまで日本での布教活動の責任者であったカブラルと真向うから意見の対立を見ている。その結果ヴァリニャーノは布教に悪影響を及ぼしていると思われたカブラルの方針からの転換を主張するようになる。これがヴァリニャーノの名を後世に高からしめた「適応主義」への動きである。

カブラルは、それまで日本を司牧してきた経験にもとづき、日本人に対してきわめて悲観的見解を有していた。これは戦国時代という時代背景をも考慮するならば当然とも言える見解である。

> すべての田夫野人は狡智あるいは暴力で領主たらんとし、奸計を心中に秘している。家臣はより多くの収入を得んとして主君の敵となり、子ですら親を裏切る。他人を信用する者は皆無である。彼らは正当な法的保護を知らず、家長は何らの考慮を払うことなく家族に生殺与奪の権利を行使する。男色は盛んであり、誰も愛情を信じないし、互いにだまし合うことを大いに誇り、煩瑣な礼儀を事とし、常に嘲笑し巧みに偽わる。仏僧ですら彼らと同様であり、同じ欠点を有している。仏僧が共同の従

第3章　A・ヴァリニャーノの外的旅路

順な生活はしていても，それは自由な決意によるものではなく，むしろ生活の必要を充たさんがためである。仏僧は，不遜なる野心に燃え，破戒のあげく，分裂して新しい宗派を開く。かくして，仏教は一宗派から二十五の宗派に分裂してきた[11]。

　当時の日本人の現実に対するこの認識そのものは，ヴァリニャーノも共有するものであった。ヴァリニャーノの『日本諸事要録（スマリオ）』を復刻したJ・L・アルバレスは，事情を以下のように解説している。ヴァリニャーノは，カブラルの強調した日本人の欠点についてはことごとくこれを認めているが，カブラルは，日本人の欠点を矯正不可能なものと見る悲観的見解を抱いていたのに対し，ヴァリニャーノは，矯正可能なものと考え，「ルネサンス時代人の抱負と気質によって，日本人の非難されるべき面に一つの変化を"実験"しようという意欲を示した」[12]。

　ヴァリニャーノは，臼杵での第一回協議会から数日後，1580年10月27日附で総会長宛に書簡をしたため，カブラルの指導下にもたらされた「日本イエズス会破滅の危険」を5項目にわたって指摘した。その第5項目では以下のように論じられている。

　　日本人には，いかなる学問をも教授すべきではないという別種の見解が我々の間に存在することであります。すなわち，日本人は異教徒（日本人）の宣教師と教師でなければならぬが，しかし知識と学問とを有すべきではない！　もし彼らが学問を修めるならば，後になって我々ヨーロッパ人を軽蔑し勝手に振舞い，会の支配者として

3 ヴァリニャーノの「危機」と適応主義への道

尊大不遜な行動に出るであろうと考えています。日本人のみならず，我々ヨーロッパ人であっても完全な無知によって教育されることは，それに劣らず有害であります。多少の学問を修めて日本に派遣されたきわめて少数ではありますが，何人かの者に対しては該当しませんが，しかし上長カブラルは学問に時を空費すべきではないと考えています。それ故，ここには学問も知識も無いのです。このような人々を癒すことに苦慮していては，任務をいかにして遂行し得るか，察するに余りあります[13]。

さらにヴァリニャーノは，15年後の1595年11月23日附総会長宛書簡の中で，日本のキリスト教およびイエズス会を「破滅に導く」と判断したカブラルの指導原則の全体を見通し，これを7項目にまとめて批判している[14]。その要点は以下の通りである。

(1) 日本人修道士の指導に関して「鞭と苛酷な言葉」による厳格な統治方針によって屈服させる姿勢で臨んだ。その結果，自尊心の強い日本人を傷つけた。

(2) 日本人修道士とポルトガル人修道士とに異なった処遇を与えた。その結果，日本人とヨーロッパ人との間にあるべき一致を損なった。

(3) 日本人がヨーロッパ人の習慣に適応すべきであり，ポルトガル人が彼らの習慣に適応すべきではないとした。その結果，たとえば日本人が入念に清潔にする食堂と台所を不潔または乱雑に汚したままにして，日本人に嫌悪され軽蔑されるようになった。

(4) ヨーロッパ人は自分たちが奇異に感じた日本の習慣

第3章　A・ヴァリニャーノの外的旅路

を尊敬せず，悪しざまに言った。その結果，日本人を激怒させ嫌悪をまねくことになった。

(5) 日本人修道士にポルトガル語あるいはラテン語の教育を許可しなかった。ポルトガル語を教えなかったのは，ヨーロッパ人が会話を交わす際の秘密を保持するため。ラテン語を教えなかったのは，彼らが学問も学ぶ必要はなく，司祭になるべきではないと考えたからである。

(6) 日本人のためのセミナリヨを開設しなかった。彼の考えでは，日本人は学問を修めてはならず，司祭となるべきでもなかった。

(7) ヨーロッパ人が日本語を学ぶことを拒否した。ヨーロッパ人は日本語を充分に学ぶことができないし，少なくとも日本語で説教することは不可能であり，日本語の文法を学ぶことはできないとした。

ヴァリニャーノはこうしたカブラルの方針を批判して適応主義の方針を打ち出してゆくにつれて，両者は激しく対立した。両者の対立は最終的には1582年にカブラルが日本を去ることで決着する。

(3) ヴァリニャーノによる日本布教方針

カブラルの方針に対する以上の批判は，ヴァリニャーノ自身の方針を示すことにもなる。ヴァリニャーノの方針は，差し当たり以下の三点にまとめることができよう。

(1) ヨーロッパ人と日本人との平等視

ヴァリニャーノは，日本人とヨーロッパ人とを完全に平等視した。しかし，イエズス会は日本人以外のアジア人を入会させなかった。ただし，彼は完全な人種的平等の観念にもと

づいていたのではなく,日本や中国のような「文明国」の国民を特別にヨーロッパ人と平等視した。その結果「日本で活動するイエズス会士は,純粋のヨーロッパ人と日本人に限られることになった。」[15]

(2) 『日本イエズス会士礼法指針』[16]――日本の文化への適応

日本の文化を蔑視したカブラルとは正反対に,ヴァリニャーノはヨーロッパ人が日本文化に適応することを求め,そのための手引きとして『日本イエズス会士礼法指針』を著した。特に同書の中でヴァリニャーノは,イエズス会士自身を概ね仏教僧に準ずる地位に置くことにより,日本の身分制秩序の中に位置づけた。また,日本人から上述の悪評の的(台所の不潔など)となるような習慣を改めた。

(3) セミナリヨ,コレジヨの設立

日本人に対して学問を教授することを拒んだカブラルに対して,ヴァリニャーノは「日本人はキリスト教のみならず,ヨーロッパの学問をも受け入れ得る能力の所有者である。この事は他のアジア人とは逆である」[17]との見地から,日本人に向けてヨーロッパの学問を広く導入する方針を命じ,日本にセミナリヨ,コレジヨを設立し[18],語学教育を施し,最終的には日本人司祭を育成する体制を整えた。

これらの方針にもとづいて,ヴァリニャーノは16世紀のローマ・カトリック海外布教史におけるまさに「革命」ともいうべき道を示すに至るのである。

(4) 「謙遜の体系」の組み替え

カブラルの(1)には若干弁護の余地がある。すなわち,これは日本人修道士に対するばかりのものではなく,一般に

第3章　A・ヴァリニャーノの外的旅路

ポルトガル国内のイエズス会において支配的であった厳格主義への傾向を反映したものであった。しかしながら、これが（2）-（7）と組み合わされることにより、新参の日本人修道士に対する一方的な「謙遜への要求」が、結果として古参のヨーロッパ人たちによる「傲慢な」権力支配に結びついた訳である。

今日の我々から見ても、宣教という行為が成立するためには、まず宣教者との人格的接触による感化力が重要であることは言うまでもない。上に見てきたようなヴァリニャーノの適応主義と日本人および日本文化に対して払った敬意とはそうした人格的交流の中での感化が成立するための基盤を提供したと言ってよかろう。キリスト教において人格的感化の標語は謙遜であった。「謙遜」はイエス・キリスト自身に遡る、キリスト教において特徴的かつ本質的な徳と言える。

（一）　イエス・キリストの受肉は神が自らの愛を示す自己無化 kenôsis としての謙遜の業である、という理解はキリスト教の原点である。

（二）　キリスト教はそうしたイエスに対する弟子たちの信服から出発している。

（三）　キリスト教徒の中で熱心な者たちはイエスの謙遜に倣おうとする。

（四）　（三）によりイエス・キリストに倣った者の謙遜が改めて宣教の力となる。

キリスト教の宣教には、なにがしかこうした連鎖の構造が見られると言える。特に「修道生活」とはこのうちの（三）を体系的・組織的に追求するための努力を意味している[19]。

ただしここで注意しなければならないのは、謙遜とこれに対する応答としての信服との連鎖はあくまでも自発的なもの

でなければならないことである。(三) における謙遜,従順が強制されたものであれば,それは修道会なり教会なりにおける地位をめぐる権力関係の表現へと堕することとなる。ところで,社会全体がキリスト教化された文化の中では,(三) の努力はそうした逸脱への危険や様々な軋轢を乗り越えながら「修道制」という形で社会に適応した一種の文化体系を形成してきていた。ヴァリニャーノの適応主義の意義は,そうしたヨーロッパ修道制という「謙遜の体系」を組み替えた点にある。

また上述 (3) 項の (2) により,ヴァリニャーノがイエズス会士自身を概ね日本国内における仏教僧に準ずる地位に置いたこと,すなわち一定の社会的尊敬を確保しようとしたことに対しては,謙遜の表現としての「清貧」を厳格に追求することを旨とするフランシスコ会などの托鉢修道会からの批判を招いた。

しかしながら,ヴァリニャーノはヨーロッパ人が自らの「謙遜の体系」を組み上げてきた文化的伝統を日本人に押しつけることそのものが傲慢であると考え,これを組み替えることのうちにこそ真の謙遜がある,と考えたのである。この謙遜こそが,おそらく当時の日本人に対して宣教師たちが真に感化を与えるための基盤を提供したように思われる。

4 適応主義にもとづく日本布教

(1) ヴァリニャーノの主導による日本布教事業

上述の経緯を辿って確立した方針にもとづいて,1580 年,ヴァリニャーノは有馬晴信に洗礼を授け,大村純忠から寄進された長崎港と茂木とを受領した後,豊後 (現大分県) に

移った。そして彼は，1580年6月24日付で『日本布教長規則』を定めた。この規則において彼の日本における布教方針の基本線が示された。

ヴァリニャーノは，すでにローマを出発する際に，日本をインド管区から独立させて準管区に昇格させるよう総会長から指示されていた。このことを受けて，日本を，シモ〔下＝豊後以外の九州地方〕，豊後，ミヤコ〔都＝畿内〕という三つの布教区に分け，それぞれに布教区長を配置し，各布教区に「修院 Casa」をおき，修院を中心にして各地に「住院 Residentia」を設置することとした。布教区長は担当教区内を毎年巡見し，日本全体の布教の責任者である準管区長が3年に一度全国の修院と住院とを巡見することとした。

さらにヴァリニャーノは，日本人に対する教育機関を整備する方針を打ち出した。彼は日本人の資質を高く評価し，カブラルが認めなかった日本人司祭の養成を目指す方針をとった。当初ヴァリニャーノは司祭のみならず，武士階級以上の世俗の青年たちをも対象とする教育機関の設立を構想していた。しかし特に急務と考えた司祭養成を優先させ，そのための教育機関を整備する方針を定めた。その結果，1580年，ただちに有馬（現長崎県南島原市）と安土に中等教育機関としてのセミナリヨ Seminario が設立された。ヴァリニャーノは設立されたセミナリヨのために自ら『セミナリヨ内規』を定め，カリキュラムをはじめとした詳細な日課表までも作成した。高等教育機関としてのコレジヨ Collegio は同年10月に府内（現大分県大分市）に設立された。またイエズス会に新たに入会した修練士のための修練院 Noviciad も，1580年12月に臼杵に設置され，やや遅れるが1590年には，来日した外国人宣教師が日本語を学習するための語学校が大村城下

4 適応主義にもとづく日本布教

に開設された。

またヴァリニャーノは『日本布教長規則』において,ヨーロッパ人宣教師と日本人との文化的相違の問題に対して方向性を示し,適応主義の方向に進む方針を打ち出した。すなわち,ヨーロッパ人と日本人とは同等の立場にあるべきこと,ヨーロッパ人の側が日本人の礼儀作法を学び,これを習得すべきことが示唆されている。ヴァリニャーノは,ミヤコ〔都〕地方の巡察から戻って豊後に滞在中の 1581 年 10 月に,イエズス会員のための宣教のガイドラインとして,『日本イエズス会士礼法指針』を執筆した。そこではヨーロッパ人のイエズス会員に日本人の生活習慣にしたがうことを求めているが,特にイエズス会員たちが日本社会の身分秩序の中でどう位置づけられるべきかを明示した。具体的には,イエズス会員たちが日本社会でふるまうとき,自らの社会的地位を高位の仏教僧と同等であると見なし,そのふるまいにならうべきであると考えた。当時の日本社会は服装,食事からふるまいまですべてが社会的階層秩序の中で細かく規定されていたからである。

ヴァリニャーノは,『日本布教長規則』においてその方向性を明らかにした自らの布教方針,特に適応主義を実行に移すため,在日のイエズス会員全員に広範な支持を求めることとした。彼はそのための協議会を企画した。まず,1580 年 7 月末に長崎でそのための予備会議を開いた。在日イエズス会員全員を一同に集めることは不可能であったため,3 つの布教区ごとに会議を開催し,日本にいた 26 名のイエズス会司祭たちはそれらのうちいずれかに参加すべきものとされた。1580 年 10 月 5 日には豊後布教区の会議が臼杵で,1581 年 7 月にはミヤコ〔都〕布教区の会議が安土で,さらに同

第 3 章　A・ヴァリニャーノの外的旅路

年 12 月には長崎にてシモ〔下〕布教区の協議会がそれぞれ開催された。

　協議会においては、ヴァリニャーノによって 21 の議題が提出された。その主なものは、日本における布教事業継続のための方法をめぐるものであった。そこには次章で後述するヴァリニャーノの「識別」の成果が反映している。改宗事業の拡大をはかるべきか、あるいは現状の教勢を維持してキリシタンの教化教導を強化すべきか、日本人司祭養成によって働き手を補うためにセミナリヨを設立すべきか、という根本問題、日本における布教事業を継続するための働き手となるべき宣教師の養成と補充の方策、イエズス会への新入会者を教育するためのコレジヨと修練院の設立。さらには日本人とヨーロッパ人宣教師との一致の問題、特に日本人修道士と、「同宿」と呼ばれるイエズス会員として迎えられる以前の身分にある伝道士の処遇。布教事業の財政的基盤を生糸貿易に依存することの是非。大村純忠から寄進された長崎と茂木との所有問題。日本人の一般的慣習と仏教僧の礼法を受け入れることの是非等が挙げられる。ヴァリニャーノは、協議会での討議を踏まえ、1582 年 1 月 6 日付で上記の諸問題に関する裁決を下し[20]、日本におけるイエズス会員の基本方針とした。これはザビエル以来の日本布教における諸問題を一挙に処理し、以後のキリシタン史の方向を決定づけるものであった。

　日本についての好都合な情報のみを伝える諸報告と現実との落差に直面したヴァリニャーノは、通信制度をも改革した。彼は、そうした問題はこれまで日本のイエズス会員たちが上長の手を経由することなく個人的に日本についての報告を送っていたことによる、と考えた。そこで、彼は公式の年

4 適応主義にもとづく日本布教

度報告,すなわち「年報」を日本の布教長（準管区長）の責任において作成執筆されるべきものと定めた。「年報」は,『会憲細則』の規定にしたがい,イエズス会全体に通知され,また印刷されて広くヨーロッパのキリスト教徒一般に公開されるべきものとされていた。公開を前提として作成された年報とは別に,布教長は総会長と同補佐宛に布教方針や財政,人事その他のことに関する非公開の報告書を定期的に書き送ることを義務づけられた。その他の上長たちも,自らの所管事項について同様に非公開の報告書を送るべきものとされた。

上記の動きと併行して,ヴァリニャーノは豊後から京都,安土まで巡察旅行に赴いた。上述ミヤコ（都）地区における協議会はその際開催されたものである。京都,安土を巡察した際には織田信長に謁見し,イエズス会の事業に対するいっそうの好意と援助とを引き出した。キリシタンに対する信長の好意的態度は,仏教勢力に対する牽制の意味があったであろう。しかし,畿内におけるキリシタンは九州におけるような南蛮貿易の利益による打算的な動機ではなく,高山右近ら諸大名領主の改宗は純粋な動機にもとづく真摯なものであったことを知りヴァリニャーノは感銘を受けた。このことは,九州での落胆から彼を立ち直らせ,日本人に対する希望的な見方を回復させることになる。これは,彼がカブラルの路線を批判して独自の適応主義路線を歩む上での自信の材料となった。

1582年2月20日,ヴァリニャーノは第一回日本訪問の旅を終えて長崎を後にした。その際,大友,有馬,大村のキリシタン3大名の名代として,伊東マンショらいわゆる天正遣欧少年使節を伴った。この使節には,日本人にヨーロッパを

第3章　A・ヴァリニャーノの外的旅路

見せることと同時に，ヨーロッパに日本を知らしめるという2つの目的があった。ヴァリニャーノはインドのゴアまで使節団に付き添い，そこで別れてゴアに残った。

ヴァリニャーノはインドに帰還したのち，『日本諸事要録（通常「スマリオ」と略される）』全30章を執筆し，1583年10月28日付で総会長に送付した。彼は，日本に関する最新にして詳細な報告を作成し，日本の布教事業に対する精神的物質的援助を総会長に求めようと考えた。その中でヴァリニャーノは，日本の布教事業が有益かつ必要であること，同時にそれは多くの危険と困難とをもはらんでいることを強調している。この二つの点の相克こそが，次章で取り上げる「布教における危機」に際してヴァリニャーノ自身が引き裂かれる思いで直面した問題であった。

(2)　再来日と晩年

インドに戻ったヴァリニャーノはインド管区長の任にあったが，1585年に総会長から再び巡察師を命ぜられた。ヨーロッパから日本の遣欧使節が帰着するのを待った上で，88年4月ゴアを出発した。マカオに着いたところ，豊臣秀吉がバテレン追放令を発したことを知った。そこで「インド副王の使節」という資格で入国する可能性を日本側に打診した。そのためマカオでの滞在が長引いたが，その間，『日本遣欧使節対話録』を著してラテン語に訳させ，ヨーロッパから戻った遣欧使節一行が携えてきた印刷機で刊行している。

1590年の二度目の来日は，帰国する遣欧使節を伴って行われた。90年7月21日，ヴァリニャーノは長崎に上陸した。島原半島の加津佐で第二回総協議会を開催し，関白秀吉の迫害下，いかに対処すべきかを協議した。総協議会開催後，

4　適応主義にもとづく日本布教

翌1591年3月3日にインド副王使節の資格で聚楽第において豊臣秀吉に謁見し，インド副王の書状や贈物を捧呈している。この第二回日本訪問の際には，遣欧使節が持ち帰った日本最初の活版印刷機を導入し，後に「キリシタン版」と呼ばれる書物の印刷を行っている。その後，1592年2月3日より長崎にて第一回日本イエズス会管区総会議を開催した後，同年10月9日長崎を出帆している。

1594年11月16日までの2年間，ヴァリニャーノはマカオに滞在し，中国における布教事業に主力を注いだ。この事業は着々と功を奏していた。たとえばマテオ・リッチは，83年広東省肇慶に，95年江西省南昌に進み，首都北京を目指した。

1595年3月4日，ヴァリニャーノはゴアに戻ったが，先に日本で意見が対立したカブラルらとの争いがなお継続していた。結局，ヴァリニャーノは「日本巡察師」という制限された肩書で三度目の来日に赴くことになり，1598年8月5日，日本に初めて赴任を果たした司教セルケイラとともに長崎に上陸し，1603年1月15日までの約4年半，主として長崎に滞在し，司教と協力して日本教会の基礎固めに尽力した。それは関ヶ原の戦い前後の時期にあたり，秀吉の没後教会につかの間の平和が訪れた時ではあった。ただしその間も，イエズス会内部では国民感情にもとづくポルトガル人とスペイン人との対立，またフィリピンから渡来した後発組のフランシスコ会などの托鉢修道会とイエズス会との対立があって，それらの問題の解決のためにヴァリニャーノは終始苦悩の日々を送っていた。

1603年に最後の巡察を終えて日本を去ってからは，ヴァリニャーノはマカオで中国伝道のために尽力した。自身が中

国の内地に入って布教成果を直接視察する希望を抱いていたがそれを果すことなく，1606年，尿毒症のためマカオのイエズス会修道院でその生涯を終え，同地に葬られた。

5　結　語

　本章では，ヴァリニャーノの軌跡を，いわゆる適応主義の方針に重点を置く形で概観してきた。まず，ヴァリニャーノが東インド巡察師に任命された人事自体がポルトガルの「国家主義」への対抗という意味があった。ヴァリニャーノ自身イタリア人であり，ネーデルラント出身の総会長から抜擢され，自身の協力者としてイタリア人やスペイン人を起用した。このことの狙いは，多国籍の宣教師団をインドにともなうことによって，まず宣教師の間に国家・民族を超えたキリスト教の精神を確立し，これを基礎として布教地における現地住民との間に融和をはかることにあった。もう一つの狙いは，ポルトガル管区のイエズス会が過度の厳格主義に走る傾向があったため，インド管区に対するその影響力を牽制しようとする点にあった。こうした方針は，今日的に言えば「国際組織」としてのイエズス会の性格を如実に示すものであった。

　また，現地の言語を学ぶことを重視し，特に中国での宣教にあたってはマテオ・リッチを起用して適応主義的な宣教戦略を実施している。なお，第六章で後述するが，中国での適応主義の方が儒教を積極的に摂取した点で，仏教に対して対決姿勢を示した日本におけるそれよりもより貫徹したものであった。

　ヴァリニャーノは，最初に来日した当初に直面した困難に

5 結　語

よって，内的・外的両面において「危機」と直面した。その一つの要因としてポルトガルの国家主義と西欧人としてのエスノセントリズムを体現していたカブラルとの方針対立にあった。また，ヨーロッパとは異質な日本文化との出会いによるカルチュラル・ショック，さらには日本に関する美化された情報によるイメージと現実との落差による幻滅感もあった。そして，これを乗り越えて，適応主義の方針を樹立し，これにもとづいて日本布教事業を推進した。

　ヨーロッパにいた時のヴァリニャーノは，総会長に支えられており，その指示のもとに動いていた。しかし，直接に上長（総会長）の指示を仰ぐことのできない当時のヴァリニャーノが置かれた状況は孤独そのものであった。そうした中で決断するためには，個人としての高度に「自律的霊性」が要求される。ヴァリニャーノがそうした危機をいかにして乗り越えていったのか，その際，霊操がいかに機能していたのかを次章で明らかにする。

第4章
A・ヴァリニャーノの内的旅路
―― 日本における布教方針を支えた「識別」――

1 はじめに

　以下では，前章で概観したヴァリニャーノの外面的な軌跡において彼を内面的に支えたものは何であったのかを，特に2節（4）の場面で彼を襲った「危機」を中心に検討してみたい。ヴァリニャーノの内面の旅路において最も重要と考えられる場面は，彼が最初の来日直後に経験した日本における布教方針に関する深刻な迷いであった。ヴァリニャーノ研究の古典として知られるシュッテの *Valinanos Missionsgrundsatze für Japan* は，その全体が第4章「ヴァリニャーノの布教における危機 Vakignanos Missionkrise」を核心とし，その「危機」にいたるまでの前史とその「危機」の克服という形で構成されている，と見ることができる。本章では，特にヴァリニャーノがその危機の最中にあって，イエズス会霊性の核心をなす「霊操」の原理にしたがってこれを乗り越えようとした際の内面の記録とでも言うべき1579年12月10日付書簡を，シュッテによる紹介を訳出する形で，読者の参考に供することを試みたい。

2 ヴァリニャーノの内面の旅路における問題場面の意味

　ヴァリニャーノが巡察師に抜擢された理由の一つとして，彼が若くイエズス会で過ごした日も浅いために，任務を遂行するに際しては，自分の計画にもとづいて判断するのではなく，総会長の意向のみに忠実に従う，と考えられていた点が指摘されている[1]。

　ヴァリニャーノの巡察師としての任務は，全インド管区を「巡察」し，そこでの霊的および物質的な状態について可能な限り正確な情報を把握し，管区での生活と活動とがイエズス会の『会憲』と合致したものとなるように計らうことであった[2]。

　そして，彼は即時の対応を必要とする問題について書き記す際，最終的な決定に至る前に，イグナティウスの霊操における選定の規則の精神によって慎重に賛成論と反対論とについて検討すべきものとされていた。彼は総会長に重要な問題を報告しなければならず，とりわけ彼に修道会においてより高位を占めるのが適当と思われるような神父たちに関して意見を上申しなければならなかった[3]。

　前章2節（2）で概観したとおり，ポルトガル滞在中，ヴァリニャーノはポルトガル管区のイエズス会員たちのナショナリズムに対する闘いに明け暮れていた。その際，確かに彼は孤立無援な中で奮闘していた。しかし，ポルトガルでの活動に際しては，ヴァリニャーノは総会長メルキュリアンの意に直接従っており，メルキュリアンから詳細な行動指針を与えられていたし，ヨーロッパ在住中には頻繁に直接指示

第4章　A・ヴァリニャーノの内的旅路

を仰ぐことも可能であった。

　本節の主題となるのは，ヴァリニャーノが来日直後において直面した極めて深刻な悩みもしくは迷いである。ポルトガルでの闘いの際とは異なり，ヴァリニャーノは孤独の中で事態に直面しなければならなかった。シュッテの大著における最大の主題も，実はこの時期におけるヴァリニャーノの悩みとその克服との解明に主眼があった，と見ることができる。ここではまず，ヴァリニャーノが直面した状況が彼の内面にもたらした危機の意味について明らかにしておきたい。

　まず，挙げられるのが日本人の生活習慣とヨーロッパ人のそれとの隔たりを経験してのカルチュラル・ショックである。ヴァリニャーノは『日本諸事要録（通称『スマリオ』）の緒言で次のように記している。

> 日本においては，その性格，習慣，諸事，取引き，および私たちの生活方法，その他すべてのことが，インドやヨーロッパにおけると異なり，反対でありますから，もし日本に関するきわめて明確で詳細な報告書を作製するのでなければ，ある場合にはその状況や統轄が如何様であるかについて，人々は理解できないのであります[4]。

　彼は，日本の諸事情がいかに新奇なものであり，ヨーロッパで想像されるものとは異なっているかを「反対である」という表現をもって強調している。『スマリオ』は，日本での巡察を終え，インドに戻ってから日本での経験を回顧する形で執筆されたものであるが，この一文はカルチュラル・ショックの跡がなおも尾を引いていたことを示している。

　その第二は，日本についての好都合な情報のみを伝えた報

告などを通して得た日本についての楽観的なイメージと日本の現実との落差であった。ヴァリニャーノは日本の現実に直面し、前章2節（4）で挙げたような多くの問題状況を知るにおよび、彼の日本および日本人観を一挙に悲観的なものとしたのである。

　以上二つの要因が相俟って、ヴァリニャーノは日本における布教の困難に圧倒されかけていた。その深刻さは、彼が日本における布教の意義そのものについて問い直さざるを得ないほどのものであった。しかし同時に、ヴァリニャーノは日本布教の意義と可能性とについての前向きの想いをも有していた。ヴァリニャーノの苦悩、ないしは迷いの内容を一言で表現するならば、それは、日本宣教の可能性に対する期待の念と、その困難に対する逡巡の想いとの間での相克であった。

　そうした悩みのただ中にあって、ヴァリニャーノは霊操にもとづく「識別」を試みている。その「識別」に関する書簡は、そうしたヴァリニャーノの内面的な旅路を浮彫りにする最重要資料と言える。シュッテもこの書簡の内容をほぼ忠実に紹介している。以下の3節の全体は、その悩みの中で霊操にもとづく「識別」を試みたヴァリニャーノの1579年12月10日付書簡を紹介しているシュッテによる研究の372-384頁の訳出である[5]。

3　1579年12月10日付書簡
ヴァリニャーノの「識別」

　1579年12月10日付（執筆は12月2日および12月5日）の、修道会総会長宛ての長い通信において、ヴァリニャーノ

第4章　A・ヴァリニャーノの内的旅路

は当時の日本の布教についての基本的な問題に関して，彼の疑念を提示している。彼は，歴史神学的な流儀による観察から始めている。フランシスコ・ザビエルの時から現在，すなわち巡察師の通信の日付までの日本の教会の展開を調査する者は，再三再四，不運な状況が，収穫の鎌の準備が整ったまさにそのときに果実を破壊してきたという奇妙な結論を出さねばならない。

> 改宗に関する事柄についてもう一つ言うべきことがある。そうした事実には，常に，何か私たちにより大きな思いもかけないことをもたらして，私たちが経験する当惑（perplexidad）を増すようなことがつきまとっていた。それは，このことである。私たちが福音を説き，地域の中で改宗者を獲得し始めるとすぐに，そのような奇妙な出来事が通常，あたかも主ご自身が私たちが築き上げたものを破壊するかのように，多くの障害と困難とを私たちの行く手に置き，その結果，私たちがまさに集め始めていた果実がしばしば失われる，といったことが起こる。そして，単にそれだけではなく，さらには私たちが多くの労苦と時間とをかけてすでに確保してきたものさえも失ってしまうのである。

ここでのヴァリニャーノの所見は，会の創立者〔イグナティウスの『霊操』〕の「選定の規則」における「第二の時機」[6]を想起させる。「健全で良い選定」は「慰めとすさみの体験から，また種々の霊の識別の体験から，十分に明白さと知識が得られる」時になされる，とされている。ヴァリニャーノは，布教事業において，これを助けたり妨げたりす

3　1579年12月10日付書簡

るような神の介入を経験した結果としての結論を引き出そうとしている。ヴァリニャーノは、日本教会の30年の歴史の中に、事実を観察することができるだけでその意味が分からないような多くの奇異な敗北を観察した。状況自体の極度の不明確さと不穏な性格がなおさら不可解さを増している。これら事件のほとんどがフロイスの『日本史』によって知られているので、私たちはただそれらを枚挙するにとどめる。巡察師は、山口、平戸、大村、島原、天草、五島、そして有馬における出来事を挙げている。彼が記載した最も最近の出来事、すなわち日向における大友義鎮の敗北は、確かにすべての中で最も決定的なものであった。有馬での出来事には、私たちが知っているように、巡察師自身も直接的に関与していた。そして彼は、以下の通りにこれらの出来事についての物語を締めくくっている。

> それぞれの人に起こったこれらおよびその他の不幸な出来事は、さまざまな王国において過去に起こり、また現在も毎日起こりつつあり、異教徒たちが私たちの聖なる法に対して注意や敬意を払わない、という結果をもたらしている。それらの出来事は、私たちが得た弱いキリスト者たちの中に多くの冷淡さを引き起こしている。それだけでなく、私たち自身が神の憐れみを通して持つ強い信仰にもかかわらず、また神の知恵が導いてすべての事物を善に向けてお許しになるという私たちの確信にもかかわらず、私たちはしばしば驚いて、愕然とする。それらの出来事は、信仰に向けてキリスト教徒を獲得するための、そして事業を継続してゆくためのこの方法が、本当に神の意志に従ったものであるのか否かという点に関

して，私たちのうちに重大な疑いを引き起こす[7]。

　この問題はきわめて扱いにくくて難解なものであるので，私たちは自分自身でそれを解決しようとは思わない。むしろ総会長猊下を通して，また修道的な従順を通して私たちの主なる神からの決定を待ちたいと思う。そのために，私は相反する二つの見解を支持して私の心に思い浮かぶいくつかの論拠を書き留めようと考える。私は２つの問いを提起する。

　（1）　キリスト教徒を獲得するための私たちの方法は適切で正しいものであるのか？
　（2）　仮に適切だとして，私たちにはあるべき魂の世話を保証するために十分な働き手がいないにもかかわらず，改宗者を得るためのプログラムを推進することは望ましいことであるのか？

　巡察師は，霊操における選定のための「第三の時機」のための規則[8]の精神とスコラ的明晰性とにもとづいて，各々の問題についての賛否両論の論拠を検討している。

（1）　第一の問い「日本における私たちの方法は，是認されるべきものであるのか？」

（a）　否定的論拠　「1. 経験と多くの正当な蓋然的根拠とがともに私たちに教えるところでは，実際には，私たちが獲得した大部分の改宗者たちは，特にこのシモ〔下〕の地域では，教会に加わろうとするに際して，必要とされるような信仰の状態と神への愛，そして私たちの聖なる法に従おうとする熱意を欠いている。むしろ，彼らは，先に述べたとおり，彼らの主人を満足させたいという彼ら自身の利益または願望に奉仕している。それゆえ，私たちが彼らが洗礼のため

3 1579年12月10日付書簡

に適当な状態にない可能性を考慮に入れなければならないので，洗礼が適切な準備を必要とする秘跡である以上，彼らに洗礼を授けるべきではないように思われる。

2. 改宗の後，彼らは通常，異教徒と異なることのないような冷淡な生活を送っている。彼らは，容易に後退する。彼らにはいかなる実定的な教会法も紹介することは不可能である。彼らの生き方の冷淡さと彼らが容易に再び離教することを考慮するならば，彼らは私たちの宗教の名声を傷つけていると言える。彼らは異教徒のセクトの信徒と比べてより良いとは見えず，また聖性においてまさるとも，信頼できるとも見えない。両者とも同じ便宜によって彼らの教えを捨て，両者とも同じ種類の生を送っているからである。そのようなキリスト教徒などはいない方がましである！ 特に福音が説かれ始めたばかりの地区で，そうしたことは顕著である。

3. 使徒たちや他の聖人たちは，彼らの福音を告げる際に，説教の助けとして世俗的な顧慮や贈り物に頼ることはなかった。私たちの主キリストは，豚の前に真珠を投げることを私たちに禁じられた。そして，公会議は，洗礼志願者が適切に教育され，十分に試験をされた時においてのみ，洗礼を施さなければならないと定めているが，そのことはここでは守られていない」。

(b) **肯定的論拠** 1. 多くの聖なる教皇，王と統治者たちは，私たちと同様に行動した。彼らは，キリスト教徒になることを望んだ人々に対して大いに好意を示した。他方，他の人々には厳格な正義をもって扱い，彼らをキリスト教徒の特権から除外した。そのような処置は，聖性という彼らの評判を損なうことはなかった。

第4章　A・ヴァリニャーノの内的旅路

2. 東洋全体を通じて, そのような現世的な利益は, これまでのところ人々を教会に導く上での唯一の門戸であった。東洋のすべての教会が間違った線で動いていたという見解は, 支持することができない。教会は, 徳と学問とによって際だった非常に多くの人々を育て上げることに貢献しているのであるから。私たちの主は次のように言われなかっただろうか。「無理にでも彼らを〔婚宴の席に〕入らせなさい」[10], そして, 「行って, 見かけた人は善人も悪人も皆集めて来なさい」[11]と？

3. たとえ現世的な動機からの改宗であった場合においても, 彼らに十分な教示と世話とを与えるならば, 多くの人々は後ほどきわめて優れたキリスト教徒となって, 堅固さと決意とをもって彼らの信仰を告白するようになる。

(c) 否定的論拠に対する回答　1. 多くの人々は洗礼に際しての正しい状態を欠いているかもしれない。しかし, 適わしい考え方をもって再生の秘跡に臨む他の多くの人々がいることもまた等しく確かである。大勢の洗礼志願者と少数の宣教師という条件が許す限りにおいて, 彼らは信仰に引き入れられている。そして, 宣教師たちは, 明確かつ簡潔にキリスト教の教えを彼らに説明している。彼らは全員自分たちが信じるべきことがらについて理解しており, 洗礼を受けたいと断言している。彼らはそれが正しい行動の仕方であると思っているからである。彼らには必要な状態が備わっているかどうか, あらゆる事例において判断することは, きわめて難しく, 不可能でさえある。それ故, 彼らに洗礼を施す際には, 宣教師は（現にしているように）, 彼ら全員が善意であるものと受け取ることができ, それほど多くの不安と疑いと

を心に抱く必要はない。

2. キリスト教徒がそのような冷淡な生を送ることは，驚くべきことではない。これまで，彼らには熱心な生活を引き起こすための刺戟，特に立派な教会と定まった司牧者とが与えられていなかった。しばしば，彼らは8か月から10か月もの間一人の神父にも会うことはなく，やっと神父に会ったとしてもそれは1日か2日だけのことである。そして，しばしばその神父は彼らの理解できない言語で語り，彼らの言語をその神父は理解しない。しかしながら，経験が明らかにしてきたところでは，多くの人々が優れたキリスト教徒になるのは，彼らが教示を受け，世話をされる所において，また彼らのために教会と定まった司牧者がいる所においてである。実定法に関する限り，初代教会を一瞥することが安心を与えてくれる。使徒たちは，「偶像に供えて汚れた肉と，みだらな行いと，絞め殺した動物の肉と，血とを避ける」こと以上に初期のキリスト教徒にいかなる重い義務をも負わせることを望まなかった。私たちのキリスト教徒が離教するのは，それが彼らの主人の命令への服従のためであり，そうしなければ彼らの財産と生命とが危うくなるからである。しかしながら，それにもかかわらず，多くの人々がすでに追放を受け入れ，何人かの人々は彼らが受け入れた法と信仰とを捨てるよりはむしろ，死を受け入れさえもした。

3. 使徒たちが彼らの布教の際にそのような現世的な事柄を無視することができたのは，彼らが奇跡的な力を備えていたからである。彼らは，死者を生き返らせ，病気の人を癒し，他のしるしを行った。しかし，贈り物と好意とを示すことによって改宗のための事業を進めた聖人や教皇たちもいた。確かに，公会議は完全な教示と長い試験期間とを改宗者

第4章　A・ヴァリニャーノの内的旅路

のために規定しているが，それはキリスト教会がすでに強力なものとなっている条件下においてのみのことである。初代教会においては事情はまったく異なっていた。そのとき，数千の人々が聖ペトロからの一回の説教の結果として回心し，洗礼を施されたのである。その場合には，洗礼志願期における長期の教示などは問題にもならなかった。ここ日本では，少数の宣教師と直面すべきその他の障害という条件下で，教示の時間を延長することは，長期間洗礼を延期することを意味する。かくして，異教徒の環境のもとで，異教徒の親類の間における，そして多数の仏教僧のもとでの生活の中では，多くの人々は彼らのより良い決意を捨てることの危険にさらされることになる。

　第一の問いに対するヴァリニャーノの最終的な判断は，以下のものであった。

「たとえ成し遂げられた成果になんらかの無秩序が混入したかもしれないとしても，これらは間違った手段で達成されたのではなかった。そして，これが第一の問いに対する私たちの答えである」。

これまで採用されてきた方法が承認されたとしても，さらなる問題がある。そして，それは前のものより扱いにくいものであった。

3 1579年12月10日付書簡

(2) 第二の問い「私たちは現在の状況下において,また現在動員できる人的資源をもって,私たちの福音宣教の働きをさらに拡大してもよいのか,あるいは,私たちは現在までに獲得したものを強化することにとどまるべきか?」

(a) 布教事業拡大に反対する論拠 「1. 私たちがすでに獲得したキリスト教徒に単に必要な世話と注意とを捧げるのみに留まるべきだということを示す良い根拠がある。経験もまた,同じことを証明する。私たちには働き手が不足している。このことが,これほどの無知と冷淡さとがはびこっている理由である。彼らは,自分の罪を告白することも,自らの良心に気をつけることもなしに,生き,そして死ぬ。多くの改宗者を獲得し,その後は彼らにあらゆる司牧的な世話もなく自活するのに任せることは愚かなことであるように思われる。

2. 改宗のための事業の拡張は,明白かつ確実に既存のキリスト者たちの共同体にとっての妨げを意味する。私たちの現在の限られた働き手を私たちがすでに獲得した改宗者のみに割り当てるならば,彼らは現在の状態よりもはるかに良く訓練される。ところが,私たちが改宗事業を拡大するならば,私たちは古い改宗者をも新しい改宗者をもともに世話をすることができなくなるだろう。私たちが結局は失われてしまうような多くの劣悪な改宗者を獲得するよりも,わずかであるけれども,キリスト教徒の質を高く保ち,彼らの魂を救うことの方が,神に対するはるかによい奉仕となる。

3. 私たちが改宗事業を進めるならば,私たちは修道会全体とその個々のメンバーとに対して負い切れない荷を負わせることになる。イエズス会は,自らが担う重荷とともに崩壊

第4章　A・ヴァリニャーノの内的旅路

する深刻な危険を冒すことになる。〔イエズス会員の〕修院および住院は，数の上で拡大している。これらに住まうイエズス会士は，彼らの上長や修道生活をともにする兄弟たちから遠く離れて，多くの障害と危険との中で生きている。その結果，イエズス会は，どうやら，キリスト者の共同体のために，さらには会自身の息子たちのためにさえ適切なものを準備することができず，会の中に生じる，また教会を通してもたらされる害に苦しむことになる。時間は大いに弛緩をもたらす。そして，経験が明らかにするところでは，すべての修道会において，そのメンバーが彼らの修道院の共同体の中に住んでいるときにさえも，弛緩してゆく傾向がある。このことは，非常に多くの堕落の機会に連続的にさらされる修道会の場合，一層恐れるべきものである。イエズス会の息子たちがそのような大勢の人々の世話をすることは，全く不可能である。必然的に，キリスト教徒の何人かが告解なしで死ぬかもしれない，また他の人々が洗礼なしで死ぬかもしれない，という結果によって，彼らは多くの怠りの罪を犯すことになる。このことは，不注意，軽率または他のなんらかの許しがたい根拠（otro enfadamiento）を通して，それをすべき立場にありながら霊的な援助をしないことによって，我が修道会の過ちを通して起こるかもしれない。また，彼らは多くの霊的な危険性にさらされる。敵は眠らない，そして，誘惑は激しく彼らに圧力を加える。彼らは世俗世界を去って，彼らの救済を確実にするために修道会に入った。しかるに，彼らは，今修道的従順の名においてすべてのこれらの危険にさらされ，実際には彼らに耐えられる力を越えた重荷を背負わなければならないのであろうか？　それは，確かに過大な期待である。確かに，私たちは主からより多くのものを望むこと

3　1579年12月10日付書簡

ができる。しかし，理性のある存在に，彼らが神からの継続的な奇跡なしには支えることができないような重荷を負わせることは合理的ではない。

4.　事業の量が増加するにつれ，出費もまた著しく増大する。キリスト教の成長に比例して，修院および住院は増加し，新しい教会が築かれなければならず，新しい経費を支払わなければならない。見たところでは，私たちが負担を軽減するか，拡大している出費を補うためにすることができることは，何もない。節約されうる人的資源では私たちの必要性を満たすのに不十分であり，事業の負担をヨーロッパから新人を呼んで来ることによって軽減することもできない。またインドからの人々を助けとすることもできない。なぜなら，すでに何度も書き記したとおり，そこでの召命はごく僅かで弱いものであって，現在成熟課程にある。また，私たちは現地の志願者をイエズス会に入会させることによって助けられもしない。そのような措置は，その他の手紙で示した根拠のために，危険に満ちている。さらにまた，ここの人々の習慣と性格とはヨーロッパ人のそれらと単に異なっているのみならず正反対である。そのため，両者の間に十分な統一あるいは調和が存在することができない。そして，私たちが現地の在俗司祭を訓練して，彼らにキリスト者の共同体についての負担を移すことによって解決することもできない。そのような方針は先の提案よりさらに一層危険である。私が他の手紙で書いたとおり，彼らの性格はとても不安定であるために，彼らに担当を委ねるならば，彼らの個人的な堕落と同様に，キリスト教についても何らかの破滅が予想される。そして，財務に関する救済の見込みもまた，けっして明るくはない。私たちの費用は，時間が経過するにつれて増加している。日

第4章　A・ヴァリニャーノの内的旅路

本自体は今のところ何ら寄与するところがなく，将来もそこから期待されるものは少ない。領主たち自身貧しく，生ぬるく，むしろ私たちからなんらかの利益を得ることを期待している。私は，私たちの重い費用を補うかもしれないその他の財源についての展望をもたない。

5.　この異教徒の国が，暗闇，無知，そしてこの国が落ち込んでいる罪から抜け出すべきだとするならば，そのためにはきわめて強力な助け（concurso）が上からもたらされる必要がある。しかしながら，主は奇跡，異言の賜物，あるいは他のカリスマをもって私たちを援助に来てくださりはしない。実のところ，先述のように，まるで主が故意に私たちが築き上げているものを倒されているかのように思われる。このことは一見して主がこの地でのキリスト教がさらに広がることをお望みでないことの確かなしるしであるようである。主は初代教会にはより大きな暴力による迫害が襲うことをお許しになったけれども，それらは常に教会のより大きな利益に終わった。教会とキリスト教徒の数は大いに増大した。徳と熱意とも，数が増すのに応じて増大した。しかし，ここでは私たちはまさに正反対のことを経験している。

6.　私たちの最後の根拠は，さらにこれらの躊躇いを増す。総会長猊下とイエズス会はこれまでのところ当地での本当の状態をご存知なかったし，教皇聖下もまたご存知ない。それどころか，あなたがたの間には，確かにまったく違った精神と修道的な雰囲気が行き渡っていることと思う。ここの私たちの多くの間にはすべてのこの種のことについて大きな当惑（perplexidad）が支配している。現在ここで生活している私たちや，かつてここで生活した経験のある人々が，イエズス会の，また，日本の教会の最高の統治にあたっているわけで

はないので，私たちはここでは，次々と出来することがらに関して，容易に間違いを犯しうる。総会長猊下および教皇聖下が私たちのためにこの問題を解決することができさえすれば，私たちはキリスト者の共同体の，そして，イエズス会に対する私たちの統治が適切な線に沿って指揮されていたとの確信を感じることができるであろう」。

(b) 布教事業拡大を支持する論拠　1. そうするのが可能だったにもかかわらず，私たちがキリスト教の信仰を広めないならば，私たちはこの広大な異教徒の世界に対して残酷に行動することになるだろう。たとえ魂の適切な世話ができないにしても，それでもなお，これらの地域が異教にとどまることよりはむしろキリスト教化されることの方がより良い。なぜなら，

(i) 彼らの弱さにもかかわらず，善意のキリスト教徒は教会の中に救済を見出すことができる。たとえ彼らが大罪の状態にあるとしても，彼らは神を信じ，痛悔することによって救われることができる。しかし，これは異教徒の手が及ばないことである。

(ii) キリスト教徒の多くが弛緩しており冷淡であったとしても，司牧的な世話を受けた彼らの大多数がより良い生活を送り，永遠の至福を確保するが，もし彼らが異教にとどまるならば，彼ら全員は失われてしまうだろう。

(iii) 少なくとも，洗礼の後死ぬ子供たちは，理性の使用を達成する前に天国に達する。しかし，異教徒であるならば，彼らはその恩恵を奪われてしまう。

(iv) 偶像崇拝およびそれと関係ある罪が止む，そしてそれだけでも大きな利益である。

第4章　A・ヴァリニャーノの内的旅路

2．布教事業が拡大しない限り，すでに獲得されたキリスト教徒さえ信仰のうちに保たれることができない。彼らは，異教徒たちの間で多くの王国で散らされて生きている。彼らの非キリスト教の友人と知人，仏教僧の圧力，極めて多くの非信者の実例，発展途上にあるキリスト教会のささやかさと対照的な異教の活気などといったことの影響は，強い印象を与えるようになるにちがいない。さらに，絶え間ない動乱のために，司祭たちや熱心な信者たちは，しばしば追放を受けることを強制される。もしもある王国が信仰へと完全に回心するようなことがあるならば，日本の教会のために極めて強力な基礎が確保され，神父たちは現地人の宣教師を訓練するためのコレジヨとセミナリヨとを建設することができるだろう。

3．改宗事業が拡大して，全王国がキリスト教化するならば，何人かのあるいは多数の，ほとんどの場合，すでに述べたように，利己的な動機から教会に入って生ぬるい生活を送っている領主たちのうちの多くの人々がより優れたキリスト教徒になることを私たちは期待することができる。このことは，たとえば，豊後の「王」およびミヤコ地域〔五畿内〕の何人かのより小規模な領主たちについて言えることである。熱心なキリスト者の統治者は，自分の領内に，正義の基準に合致した統治をもたらすこともでき，キリスト教を妨げるのではなく支持して，野蛮，不正，悪政による多くの行動に終止符を打ちもするだろう。このことは，霊的な司法権の導入にもつながるかもしれず，現地人の在俗司祭や高位聖職者を輩出することを可能にするかもしれない。しかし，私たちが改宗事業を押し進めないならば，すべてのそのような希望は基礎のないものとなる。

3 1579年12月10日付書簡

4. 私たちが，イエズス会と教会とのための不安のため，または，これに関わる財政的な負担を恐れて，改宗者を生み出す努力をやめるとするならば，私たちは，神の摂理を疑うことになる。まるで私たちが神の知恵と力とを自分たちの無知な判断力のもつ小さな尺度で測るかのように。スキタイ人やゴート人その他の蛮族の場合になさったように，望まれるならば，神はここでのキリスト教徒にあらゆる種類の助けを送るのに十分強い力をお持ちである。使徒たちや聖人たちは，彼らの福音宣教の事業の際に完全に神に信頼した。その頃，博識な人間と司祭との数は少なかったが，それにもかかわらず，彼らはあらゆる土地に福音を広めた。後になって，神は教会に，無数の聖人，高位聖職者，修道者，そして在俗司祭を授けられた。同様に，神は日本人にご自身の聖霊を授け，彼らの中から在俗司祭と高位聖職者，そして修道者たちをお立てになることができる。なぜなら，日本人は必要な適性を持っているからである。

5. 一見したところ，教会の拡大はさらなる財政的な支出を招く。しかし，逆のこともまた起こりうる。この島国全体で，日本人，特に領主たちと彼らの家臣は，いくつかの仏教寺院に無数の仏教僧を支えられるほどの豊かな収益を与えた。今，彼らは教会に対してこれと同じような寄付をすることができる。そして，このようにして，私たちが現地の人のためにコレジヨとセミナリヨとを建設する立場に立ち，そこから，在俗司祭たち，さらには修道者や高位聖職者たちさえ輩出することになろう。このようにして，私たちの肩から重荷を取り除くことができる。彼が信仰へと回心するとすぐに，土佐の王はコレジヨのために高額を寄付してくれた。残念なことに，彼は自分の王国を失ってしまった。豊後の王

第4章　A・ヴァリニャーノの内的旅路

は，日向にもう一校のコレジヨを築くためにかなりの収入を用意するよう手配してくれた。しかしながら，それは後に敵の手に落ちてしまった。彼の息子は，彼の王国における寺院をもとにして現地の学生のためにセミナリヨを設立することを決めてくれた。ミヤコの領主は，3人または4人の宣教師を支持するための資金を寄付して，戦争の後，増額すると約束してくれた。このようにして，私たちは過度の労働と過度の出費という私たちの重荷から解放されるだろう。

6. 神が私たちが布教において築きあげたものを破壊するように見えるかもしれない。それにもかかわらず，私たちは日本の教会が絶えず成長しているという事態を見る。日本の布教に加わるためにイエズス会員たちが至る所で示している熱望，この地において誘惑に勝利を収める私たちの宣教師たちの勇気，そしてこれほど多くの危険に直面しても彼らがぐらつかないことを慎重に評価するならば，私たちはこれらすべてのことが，私たちの主なる神が，この島国において偉大な業を達成することをお望みであるということの確かなしるしである，と考えなければならない。確かに，私たちは危険と誘惑とが現存していることを否定することができない。しかし，日本ほど多くの真実で堅固な徳を実践する機会を提供する国は世界にはない。これほどの冷淡さのただ中における愛，これほど多くの危険に直面した中での貞潔，この民族の独特な性格に耐えることにおける忍耐，改宗の事業の多くの妨げにもかかわらず持ち続ける神の摂理に対する強い信仰，不安と危険との中の信頼，そして，経験がもろい人間に頼ることができないことを明らかにする中での希望である。要するに，日本の状況の中から益を得ようとする者には，徳を熱心に実行するための多くの機会がある。一般に認められてい

3 1579年12月10日付書簡

るように，このことは弱い魂には過大なことではあるが。彼らは言うかもしれない。このような危険からはるかに離れたコレジヨの中で暮らすことが彼らにはより安全であると感じると。

こうした立場に対して，ヴァリニャーノはその注目に値する予定説の見解によって返答を与えている。

「一見して，そのような態度は適当なもののようである。しかし，私たちがより深く探求するならば，私たちは，日本で失われることになっている人々は予定された数に入っておらず，滅びるべく予定された他の人々は，日本の外においてでさえ，そして，コレジヨにおいてでさえ最終的には滅びると主張することができる。しかし，予定された者たちは，自らの救済のため，そして，徳と完全性とにおいて成長するための機会としてあらかじめ定められた手段として，これらの危険と誘惑とを利用するだろう」。

7. 手紙の終わりに，以下の理由が付け加えられている。絶えざる動乱と戦争とのために，日本において私たちが異なる王国，そして異なる統治者の下にキリスト教徒を有することは重要である。そのことからのみ，布教のための資産は，より大きな修道院にあるイエズス会員の共同体と同様に保護されることができる。今，たとえば，肥前から私たちが撤退する際に，私たちが天草を利用できなかったとすれば，私たちには他に避難する場所はなくなってしまうだろう。

> 「神父様，以上が私たちが論じているそれぞれの見解を支持して提示されるべき論拠であります。私は，それらが私自身，そして多くの人々のうちにあって，しばしば重大な疑いと紛糾とを引き起こしていることを告白しま

第4章　A・ヴァリニャーノの内的旅路

す。これらの議論は新たに反論されることができるとしても，私が書いたものから，総会長猊下は，いずれの側の議論についても，賛否両論の立場から何が主張されうるのかについてかなり明白にお知りになれることでしょう。手紙ですべてを説明することができないので，私は時間があればそれらについて猊下と個人的に話し合うことができさえすればと思っています。それでもなお，猊下はそれから，そして，私のその他の通信から私たちの宣教師と日本のキリスト教徒が置かれている状態，そして彼ら両方に関して抱かれるかもしれない希望と恐れとについて理解して下さるでしょう。私は，この手紙に対する返事がここに届いて，その時まだ私が生きているかどうかわかりません（私たちが返事を得るまでに，それほど長い時間が経過します）。しかし，私は総会長猊下に慎重にこれらすべての論拠を検討して，それから，誰にであれ，その頃にインドと日本の上長である人にあなたの決定を送り届けて下さるように懇願します。我が会は，そのとき，その決定を神から来るものと考え，これにしたがって行動しなければなりません。かくして，彼らはより幸福でより自信に満ちた考え方のうちに生きることになります。彼らが行うすべてのことがその真実の解釈者，すなわち聖なる従順を通して彼らに提示される神の意志に従っていることを確証されることによって」。

ヴァリニャーノがいかにこの手紙を真剣に書き記したかは，結んでいる一筆からも改めて明らかである。

「私は私の相談者にこの手紙を見せて分かち合いました。また総会長猊下に彼らの見解を書くようにと彼らを推奨しま

した。そうすれば，総会長猊下が複数の出典から情報を持つことによってより明確にご自分の道を見通すことができ，私は解放され，重大な問題を自分の魂に背負い込むこともなくなります。猊下が送って下さる返信が解決してくれますので。私は，改めて，総会長猊下が私自身と全管区とのために祝福してくださることを懇願します。口之津において記す。1579年12月10日」。

4　ヴァリニャーノの「識別」に関する書簡の意味

　以上，ヴァリニャーノの1579年12月10日付書簡の概容をシュッテに即して紹介した。この資料の意味については，読者各自においてお読みいただくことによって基本的には資料それ自体をして語らしめたいと思う。ここではただ読者がその意義を理解する上での助けとなるべきコメントを付しておきたい。

(1) 霊操とスコラ学との総合による探求

　以上，紹介したヴァリニャーノの書簡についてシュッテが与えた「霊操における選定の「第三の時機」のための規則の精神とスコラ的明晰性とにもとづいて」という記述は要を得たものである。「正しい道」を問い求めようとするヴァリニャーノの営為は，まさに「霊操」と「スコラ学」との総合である，と言って良い。

　ヴァリニャーノの書簡に見られる問いとこれに対する扱いとは，霊操における選定のための「第三の時機」のための規則に従ったものであるが，同時にスコラ学における「討論」の形式を思わせる。『霊操』は「健全で良い選定ので

第4章　A・ヴァリニャーノの内的旅路

る時機」を三つ挙げている[13]。「第一の時機」とは「主なる神が心を動かし，引き寄せて下さる時であり，その結果，敬虔な霊魂は疑うことなく，また疑うこともできず，示されることに従うのである。聖パウロと聖マタイがこのようにわが主キリストに従ったのである」とされる。「第二の時機」とは「慰めとすさみの体験から，また種々の霊の識別の体験から，十分に明白さと知識が得られる時である」。以上「第一，第二の時機」とは，霊操者が何らかの形で自己の力を超えたものの働きを受けている場面である。これらに対して，「第三の時機」とは「平静な時である。まず，人間が何のために生まれたのか，すなわち，主なる神を賛美し，自分の霊魂を救うためであることを考察し，これを望みつつ，主への奉仕と自分の霊魂の救いについて助けを得るために，手段として一定の生き方と身分を，教会に認められる範囲の中で選ぶのである。この時を平静な時機と言ったのは，つまり，霊魂が種々の霊に左右されず，落ち着いて，また自由に，生来の自分の能力を使用する時だからである」とされている。つまり「第三の時機」とは，差し当たり霊操者を超えた力（「霊」）からの明確な介入のない状況において，霊操者が自分自身の知性を用いて道を探求する場面である。

「第三の時機」のための規則を具体化させるための「要点第四」には，選定の対象となる選択肢のそれぞれについて，「もし選定しようとしている役務，あるいは聖職の収入を手に入れるならば，そこからどんな便宜と利点が生じるかを知性を働かせて考察する。そして，逆にそれを手に入れる不利と危険も検討する。また，収入を手に入れない他の決定についても同じようにする。すなわち，それを手に入れない便宜と利点を考え，反対に，不利と危険も検討する。」と規定さ

4 ヴァリニャーノの「識別」に関する書簡の意味

れている。

　ヴァリニャーノはここで、彼が直面していた第一および第二の問題のそれぞれについて、「便宜と利点、不利と危険」を検討しているわけであるが、その際、ほとんど完全にスコラ学における討論の形式に従っているのである。この当時においても大学には討論の伝統は生きていた。初期のイエズス会員たちはパリ大学で学び、討論の精神を十分に取り入れており、『イエズス会学事規程』においても、上級のコレジヨにおいては、討論が重要な教育の方法として導入されている。おそらくはイグナティウス自身「要点第四」についてこうしたスコラ的方法を念頭に置いていたかもしれない。ともあれ、ヴァリニャーノは「第三の時機」における「要点第四」の範型的な実践例を示していると言える。

　ただし、討論がアカデミズムの世界における論題についてなされたものであるのに対して、この書簡は「心に思い浮かぶ論拠」を書き留めたものであった。討論の形式はとっているものの、賛否両論ともにヴァリニャーノ自身の「心に思い浮かんだ」ものであり、その限りで両方共が迷っている時点での彼自身の見解である、と言って良い。それらはヴァリニャーノが直面した具体的状況の中での彼の「想い」である。このように「心に思い浮かぶ論拠」を書き留める、という作業は言語化による意識化という意味がある。

　ヴァリニャーノは霊操の規則に従い、霊操指導者としての総会長を支えに、識別の精神に即して、彼の知性と霊性とのすべてを挙げて神の意志を問い求めている。ただし、書簡本文が示すように、彼は総会長から自分が生きている間に返信を受け取ることは出来ないかもしれない、との覚悟を示している。結論として、第一、第二の問題ともに、実質的には

第 4 章　A・ヴァリニャーノの内的旅路

ヴァリニャーノが肯定的な方向に光を見出している。

(2) 外的現実への展開

最後に，このヴァリニャーノの「識別」に関する書簡が，前章で触れた彼の外的軌跡にいかに反映していったかについて簡単に概観しておきたい。

書簡中――特に第二の問いにおける反対論拠4において――で，日本および日本人に対する悲観的な見解が展開されている。これはカブラルの影響と考えられる。「彼はほどなく，カブラルが日本人に非寛容であり，日本人を蔑視していたことが，ヨーロッパ人宣教師に対する日本人キリシタンの不信感を増幅させ，彼ら宣教師と日本人修道者との間の不和に拍車をかけていたことをも認識した[14]」。特にヴァリニャーノがミヤコ〔都〕地方への旅行をするに及び，この日本人に対する悲観的な見方は大いに修正される。この変化に際しては，特に高山右近など，南蛮船貿易の利害とは無関係に改宗した純粋な信仰者との出逢いが大きな意味をもっていた。日本人に教育を施すことはかねてよりの持論であったが，この経験からヴァリニャーノはカブラルの影響から脱して適応主義の路線をとることに対する自信を持ったものと考えられる。このことを予想してか，カブラルはヴァリニャーノがミヤコ〔都〕に旅行することには反対していた。

このようにしてヴァリニャーノが自分自身の目で日本の現実を知り，理解してゆくプロセスは，彼が前章4節で紹介した布教方針を打ち出してゆくプロセス，すなわち1580年6月24日付の『日本布教長規則』の制定，1580年7月，長崎での予備会議を皮切りに，同年10月から81年12月まで，豊後，ミヤコ（都），シモ（下）の各布教区で開催され

た第一回協議会までの歩みと同時進行していた。しかし，当のヴァリニャーノ自身による布教方針の基本的方向は，この1579年12月10日付書簡で試みられた識別によってすでに確立していたと見ることができる。確かにその後における日本に関する知識の拡大・深化はヴァリニャーノにその方針に対する確信を深めたことではあろうが。

　ちなみに，この手紙がローマに着いた時にはメルキュリアンはすでにこの世になく，後継の総会長アクアヴィーヴァによって1582年2月10日付で発せられた返書はヴァリニャーノの結論に確証を与えるものであり，ヴァリニャーノはこれを1583年11月10日，ゴアで受け取った。彼がこれに力づけられ，大いに喜んだことは言うまでもない。

5　結　　語

　以上，ヴァリニャーノの「旅路」をその外面と内面との両面から見る視点を切り開くことを試みてきた。ヴァリニャーノの外面的な軌跡，特にその適応主義については比較的よく知られているが，それを支えていた彼の内面的な闘いの存在は余り知られていないように思われる。ヨーロッパにいた時のヴァリニャーノは，総会長に支えられており，その指示のもとに動いていた。しかし，ヴァリニャーノが来日した当初，直接に上長（総会長）の指示を仰ぐことのできない彼は孤独そのものであった。そうした中で決断を迫られたヴァリニャーノはまさに「危機」と表現されるべき状況の中に置かれていた。これを乗り越えるためには，個人としての高度に「自律的霊性」が要求される。ヴァリニャーノがそうした危機をいかにして乗り越えていったのか，その際，霊操がい

第 4 章　A・ヴァリニャーノの内的旅路

かに機能しており，第一章で紹介した霊操の特色がいかに反映していたのかが明らかになったと思われる。ヴァリニャーノの事跡は第 1 章で指摘した霊操とイエズス会の特徴である「自律的霊性」の具体例を示すものと言える。本章がその内面の闘いの一端を読者が知る一助となることを念願している。

第5章
キリシタン時代における
日本のイエズス会学校教育

1 はじめに

　本章は，キリシタン時代における日本のイエズス会学校教育の歴史を概観し，当時，草創期にあったイエズス会の教育理念が，日本という地において遂げた展開の相を解明することを目的とする。特に，日本におけるイエズス会学校が，ヨーロッパにおけるイエズス会学校の伝統が積み重ねてきた教育理念をどこまで受け継いでおり，またいかなる点で日本社会への「適応」の努力が窺われるのか，を明らかにしたい。このことにより，当時のイエズス会士たちが日本を宣教と教育との場としてどのように位置づけており，また，彼らの教育理念を実現する環境として当時の日本社会がいかなる意味を有していたかも明らかになることと思われる。

2 イエズス会による学校建設まで

　日本に初めてキリスト教を伝えたのは，1549年に日本の地を踏んだイエズス会士フランシスコ・ザビエル（1506-52年）であることはあまりに有名である。ザビエルは日本人を，「これまで遭遇した〔異教徒の〕中でもっとも優れた

第5章 キリシタン時代における日本のイエズス会学校教育

人々」としてその資質を高く評価している。特に日本人が礼節と名誉とを重んじ，貧困を恥とせず，理性的な傾向を有する点で，優れたキリスト教徒となりうる可能性を見ていた[1]。このような日本人に対する高い評価は，基本的にはその後のイエズス会士たちにも受け継がれる。ザビエルとともに来日し，イエズス会の初代日本布教区長となったコスメ・デ・トルレス（1510-70年），畿内で活躍するグネッキ・ソルディ・オルガンティノ（1533-1609年），そして後述する巡察師アレッサンドロ・ヴァリニャーノ（1539-1606年）らは，基本的には日本人を高く評価し，後に「適応主義」と呼ばれる開明的な宣教方針をとった。すなわち，ヨーロッパにおけるキリスト教の習慣を絶対視することなく，自分たちを日本文化に適応させようとした。これは，ヨーロッパ中心主義の意識のもとに宣教地の文化を見下す傾向が強かった当時の一般的なヨーロッパ人の発想を超えるものであった。

しかし，イエズス会士の中にも例外的な存在はいた。トルレスの跡を継いで日本布教区二代目の責任者となった軍人出身のポルトガル人フランシスコ・カブラル（1530?-1609年）は，基本的にアジア人である日本人を蔑視し，日本人がラテン語を習得したり，日本人を司祭とする可能性を認めようとしなかった。また，適応主義を批判した結果，宣教師の側にも日本語を習得させようとはしなかった。

そうした中，1579年にイエズス会東インド管区の巡察師，ヴァリニャーノが来日した。巡察師とは，イエズス会総会長の代理として世界各地で働くイエズス会員の活動を視察し，必要な指導を行う修道会の最高幹部である。当時イエズス会内部で勢力が強かったのはスペイン人・ポルトガル人であったが，ヴァリニャーノはイタリア人である。彼が巡察師とい

う要職に抜擢されたのは、スペイン人・ポルトガル人がしばしば示していた強国意識による弊害に対する歯止めであったとも言われている。その意図は日本において実効を挙げることになる。彼は、来日するやカブラルの日本人蔑視の姿勢が布教の妨げとなっている事情を知る。激しい対立の末、1582年にカブラルを日本布教の責任者の地位から解任し、マニラへと去らせた。ヴァリニャーノにより、イエズス会の日本宣教に対する方針は、日本人の資質を高く評価するザビエル以来の基本姿勢に立ち戻った。

3 ヴァリニャーノの教育構想

ここで我々は、当時の人々の思いを想像するために、数十年後に迫害の運命が待ち受けている事実について現代人が有する知識を一旦忘れ去ってみるべきであろう。高い資質を有する民族との出会いは、イエズス会宣教師たちに大きな夢を抱かせた。ヴァリニャーノは、来日の当初からすでに日本の教会を発展させるための壮大な全体計画を考えていた、と言われている[2]。彼は、日本の教会の将来を切り開くためにはまず教育事業から始めるべきである、と考えていた。すなわちヴァリニャーノは「上からの布教」、すなわち社会の指導的な層にアプローチし、そこから布教を展開する、という戦略を立てている。教育もそのためのものであり、当然のことながら、真実な意味での「エリート教育」[3]の構想であった。それは日本が伝統に根ざした高度の文化を有する国である、との理解の上に立ってのことである。ヴァリニャーノはまず第一に、日本の教会を支えるためには日本人司祭を育成する必要があると考えた。これはカブラルの認めなかったところ

第 5 章　キリシタン時代における日本のイエズス会学校教育

である。しかし彼は単に日本人に司祭への道を開くことにとどまらず，政治および文化の面で指導的な役割を果たす優れた信徒たちをも育成することによって日本の教会の基盤を整えることを構想していた。聖職者養成に限ることなく，信徒をも含めた教会指導者層の養成を構想していた点は，第二バチカン公会議が打ち出した「信徒使徒職」の思想を数百年も先取りするものであった，とも言ってよかろう。また教育，それも一般信徒をも含んだ教育を通しての布教という戦略は，現代にまで続くイエズス会に伝統的な方針でもある。

　ただし，それはイエズス会発足当初からのものではなかった。すなわち，当初イエズス会は学校教育を目的とする修道会ではなかったのである。しかしその後，まず内部的にイエズス会士を養成するための教育機関を持つに至り，その後東スペインのガンディアの学校に 1546 年，会員ではない一般学生を受け入れることを経験したが，これは半ば偶発的な事態であった。1548 年，外部生に開かれた形での本格的なイエズス会学校（コレギウム）が，シシリア島のメッシナの地に開設された。この頃を境にイエズス会は方針を改め，学校教育に力を入れて会の活動目的に組み込むようになる[4]。メッシナの学校組織を参考に 1551 年，ローマ学院が創立され，全ヨーロッパのイエズス会学校のモデル校となる。イエズス会は，その後ヨーロッパ各地で蓄積された学校教育の経験を総合し，『イエズス会学事規程 Ratio Studiorum』と呼ばれる統一した学校運営規則を作成する。その最終的な決定版は 1599 年に制定公布されるが，その作成作業の開始は 1584 年のことであった。

　ヴァリニャーノが来日した 1579 年という時期は，イエズス会がすでにヨーロッパの地において学校教育についての充

3 ヴァリニャーノの教育構想

分な実績を蓄積してはいたが、統一的な『学事規程』の制定に向けて動き出す以前であったことになる。つまり、ヴァリニャーノは自分たちがヨーロッパにおいて開発しつつある最新の教育システムを日本に導入しようとしていたのである。

具体的にはまず、ミヤコ（近畿）、豊後（東九州）、シモ（下＝西九州）という三つの布教区に各一校、都合三校のセミナリヨ（ポルトガル語：seminaryo＝中等教育学校）を開いて、前途有望な青少年に人文学科の基礎的教育を学ばせる計画であった。ヴァリニャーノは直ちにその計画を実行に移し、早くも1580年二校のセミナリヨが開校された。すなわち、シモのセミナリヨは有馬晴信の支援のもとにその城下有馬（現長崎県南島原市）の地に、ミヤコのセミナリヨは織田信長の支援のもとにその城下町安土（現滋賀県蒲生郡安土町）に、それぞれ22名の生徒たちを迎えて出発した。しかし、当初豊後地区に予定されていた第三のセミナリヨについては、これを山口の地に開設しようとしたが結局政治的混乱のため実現しなかった。

セミナリヨの上にはミヤコと豊後との二箇所にコレジヨ（ポルトガル語：collegio＝高等教育機関）を設置することになっていた。セミナリヨでの3年ないし4年の勉学を修めた後、学生たちには神学を学び司祭を目指す道と、一般信徒として学問を修める道とを自由に選ばせる予定であった。そのため、ミヤコに設置するコレジヨには、教区司祭を養成するための神学課程を、また、大名をはじめとする武士階級の子弟を社会的指導層をなす信徒として養成するために哲学・法律・政治などの課程を置く計画であった。ヴァリニャーノは、「将来的にはこのコレジヨを東洋におけるキリスト教的教育と学問研究の中心とし、ヨーロッパの諸大学と交流させ

ることを」[5]夢見ていた。また,セミナリヨを修了した後にイエズス会入会を志願する学生のため,豊後の臼杵(現大分県臼杵市)にノヴィシアード(ポルトガル語:noviciado＝修練院)を開設し,特に外国人宣教師の準備教育と語学養成のためのコレジヨを大村に開設する計画であった。一般にノヴィシアード(修練院)とは,カトリック教会における修道会に新たに入会した者のための初期養成機関のことである。臼杵のノヴィシアードは 1581 年に実現する。コレジヨは最終的には豊後の府内(現大分県大分市)に一校のみ開設された。日本人・外国人の別を問わず,イエズス会士の養成としての哲学および神学の課程はそこに置かれることになった。1584 年には,府内のコレジヨで最初のスコラ哲学の講義が行われている。

　ヴァリニャーノの計画がもし完全に実現していたならば,最終的には毎年 300 人の日本人青年が高等教育を受け,司祭,修道士,信徒として日本社会を指導するエリート集団を形成する筈であった。しかし,結局この計画は完全には実現することなく未完成に終わる。実現されたのは有馬(シモ)と安土(ミヤコ)の二箇所のセミナリヨ,臼杵のノヴィシアード,そして豊後府内のコレジヨだけであった。挫折の原因としてまず挙げられるのは,1582 年に起こった本能寺の変以降の政治的争乱である。その結果,ミヤコに新たにコレジヨを開設するどころか,セミナリヨすらもミヤコから避難せざるを得ない状況となった。また,当時の日本教会には,このあまりにも壮大な構想を実現するだけの人材も財政的基盤も不足していた点も指摘されている。

　ヴァリニャーノは一旦日本を離れていたが,自分の教育計画が予定通りに進まない状況について逐一報告を受けていた

3 ヴァリニャーノの教育構想

様である。結局ヴァリニャーノは聖職者、特に日本人司祭の養成を目指すことを優先させることとした。彼が日本人司祭の養成を急務と考えた背景には、宣教師の数的な不足という深刻な状況があった。当時15万人のキリシタンに対してイエズス会士は55人、うち日本人修道士は7人、日本人司祭はまだ一人もいなかった。

かくしてセミナリヨ、コレジヨは聖職者の養成へと目的が限定されたため、それ以外の子弟は入学させないことになり、現代の「神学校」に相当するものとなった。セミナリヨは、現代では司祭を目指す中学・高校生が学ぶ「小神学校」に相当するものとなり、そこではおよそ10歳から18歳までの少年たちが語学や人文学の基礎を学ぶこととなった。卒業生は何らかの意味での聖職への道を歩むことになるが、イエズス会入会、教区司祭、伝道士という可能性があった。セミナリヨからイエズス会に入会した者は、ノヴィシアードにおいてイエズス会士としての初期養成を受けた後、コレジヨに進学する道が開かれていた。

実際のセミナリヨ、コレジヨが「神学校」としての限定された性格のものとして歩み始めたものの、ヴァリニャーノは当初の大教育構想を断念していたわけではなかった。彼は『日本諸事要録』の第12章の中で、人材と財政とに余裕が生じたあかつきには一般子弟のためのセミナリヨを創設する決意を述べている。しかしながら、1587年の秀吉のキリシタン禁令の発布とその後の政治情勢によってヴァリニャーノの夢はついに実現することなく終わるのである。

ヴァリニャーノが計画した教区神学校は、後になって日本布教区が独立した司教を戴く教区となり、1593年に司教に叙階されたイエズス会出身のルイス・セルケイラ（1552-1614

年) が 1598 年に来日してから 1601 年に実現する。ヴァリニャーノは教区神学校についてもミヤコのコレジヨの中に開設することを夢見たが, 実際にははるかに小規模な形で長崎で成立する。

以下に, 実現された有馬と安土のセミナリヨ, 臼杵のノヴィシアード, 府内のコレジヨ, そして教区神学校のそれぞれについてその沿革と教育内容とについて概観する。

4 セミナリヨ[6]

(1) 沿革

先述のとおり, ヴァリニャーノの構想したセミナリヨのうち, 実現したのは有馬と安土の二校であった。これらのうち, 当時の政治情勢の影響を直接被り, 変転の歴史をたどる安土のセミナリヨについて先に触れることとする。

「ミヤコ」のセミナリヨは文字通り京都に建てることも検討されたが, 京都では武力を帯びた仏教勢力による反発が予想され, 安全という点で難があった。仏教勢力を牽制する意図をもつ織田信長はキリスト教に対して好意的であったので, セミナリヨは信長の保護のもと, 彼が新たに築いた城下町安土に建てられることとなった。

安土のセミナリヨは純和風建築三階建てで安土城と同じ青い瓦を用いることが許されていた。客をもてなすための茶室まで付属していた。責任者となったオルガンティノは入学者募集のために高山右近に協力を要請し, 右近はこれに応えてキリシタンである家臣の子弟 8 名を安土に送った。安土のセミナリヨは, 彼らを含めて総計 22 名の生徒を迎えて発足するが, 最初の生徒たちの中には, 後になって長崎で殉教する

4 セミナリヨ

パウロ三木や元和の大殉教で死んだアントニオ三箇がいた。

しかしながら，その設立の当初は順風満帆と見えた安土のセミナリヨは変転の歴史を歩むこととなる。まず創立2年後の1582年，早くも本能寺の変が起こり，明智光秀の軍勢による破壊によって安土城と町とが焼け落ち，当時30名ほどいた生徒たちは危険を冒して脱出し，まず京都に，ついで高槻へと移動した。次いで1585年，保護者であった高山右近の高槻から明石への転封に伴い，セミナリヨは大阪に移動する。しかし，さらに2年後の1587年，豊臣秀吉の禁教令によって九州への移転を余儀なくされた。生徒および神父たちは平戸の生月，さらに11月には長崎に移り，その後有馬のセミナリヨと合併する。

このように頻繁な変動を被ったため，安土のセミナリヨにおける勉学は著しく妨げられた。ラテン語および音楽のすぐれた教師であったシメアン・デ・アルメイダ修道士を1584年に失ったことも大きな打撃であった。安土のセミナリヨを信長が訪問した際，生徒たちはオルガン，クラヴォ，ヴィオラの演奏を披露したことが記録されている。しかし，1588年の学生名簿には，音楽の授業についての言及がない。恐らく1582年の避難の際にこれらの楽器は失われ，アルメイダの死後は音楽の教師も欠いていたためと思われる。

「シモ」の布教区のセミナリヨは，1580年10月，若き領主有馬晴信の全面的な協力と援助のもと，有馬領日野江城下に発足した。晴信はこの年の3月に洗礼を受けていた。

> 「キリシタンになったばかりの若き大名は，ヴァリニャーノ神父の教育計画に大いに共鳴し出来るだけの援助を約束した。晴信はセミナリヨの敷地を神父たちに与え，建築に当たっても全面的に協力したので，生徒30人を収

容出来る校舎が完成した。有馬の地名を冠して「有馬のセミナリヨ」とも呼ぶ。最初の入学生は22名。その中に伊東マンショ，千々石ミゲル，原マルチノ，中浦ジュリアン，コンスタンチノ・ドラードら少年使節団のメンバー，有馬の西ロマノ，平戸の木村セバスチャンらがいた。」[7]

創設期の1580-87年の間，セミナリヨは北有馬の日野江城下に置かれていた。1587年，避難してきた安土のセミナリヨを吸収して一つになったセミナリヨは一時長崎に移るが，その後再び有馬に戻り，1601年から1612年までの間，有馬の地で「セミナリヨ教育の最盛期」とも呼ばれる時期を迎える。その後セミナリヨは，加津佐，天草などを転々とし，最終的には，1614年の徳川家康の禁教令によって閉鎖された。生徒たちのあるものは潜伏し，あるものは勉学を続けるためマカオやマニラに逃れた。セミナリヨの卒業生の中からは何人ものイエズス会士が出ているが，やがて厳しい迫害の時代を迎え，殉教や国外追放という運命に直面することとなる。

(2) 教育内容

セミナリヨの教育方針を定めたのはヴァリニャーノである。彼はセミナリヨの設立を決定するやすぐさま1580年1月，『日本のセミナリヨ規則』を自ら執筆している。そこでは「セミナリヨの収容人数，入学資格，施設の立地条件と備えるべき設備，管理運営の在り方，生活指導，教育内容，時間割と細部に互る取り決めを定めている。」[8]

先述のとおり，当時ヨーロッパのイエズス会は，会が運営する学校のため『イエズス会学事規程』と呼ばれる統一した学校運営規則を作成しつつあった。『学事規程』の作成作業

4 セミナリヨ

は1584年から始まり、1586年の第一次草案、1591年の第二次草案を経て、1599年に最終的な決定版が制定公布される。ヴァリニャーノの『日本のセミナリヨ規則』は、この『学事規程』成立以前に作成されていることは注目に値する。つまり、日本におけるイエズス会学校の試みは、ヨーロッパにおけるイエズス会学校が自らのスタイルを確立してゆく試行錯誤の時期と同時進行していたのであり、文字通り最先端の学校教育システムの導入を意味していたのである。しかしながら、ヴァリニャーノはヨーロッパの学校制度をそのまま導入しようとしたわけではなかった。彼は「イエズス会教育の精神と教育方針に従いながら、文化の伝統の全く異なった日本に適応した教育方針を定めた。日本人をヨーロッパ人に変えるのではなく、日本人の持たなかったヨーロッパ的、キリスト教的なものを身に付けた調和した人間の養成」[9]を目指している。

当時のヨーロッパはルネッサンス以来の人文主義が盛んであった。人文主義的教育は、言語能力の訓練と古典の学習とをその本質としている。ヨーロッパのセミナリヨでは、人文主義の精神に従ってラテン語、ギリシア語による古典教育が中心であった。日本のセミナリヨでの教育内容も古典教育に力が入れられていたが、『日本のセミナリヨ規則』ではギリシア語を排し、ラテン語の古典と日本の古典とを学ぶよう定めている。

当時のカトリック教会および学問の世界の公用語であったラテン語の学習は不可欠のものであった。先述のカブラルは日本人にはラテン語習得は無理だと考えていたが、ルイス・フロイスはセミナリヨでラテン語を学ぶ日本人生徒の習得の速さに驚嘆している。また、イエズス会員たちは生徒たちが

第5章 キリシタン時代における日本のイエズス会学校教育

将来日本で宣教する宣教師となるために，日本語にもとづく言語教育として日本の古典文学を学ぶことが必須と考え，平家物語などをテキストとして学ばせた。

さらに従来の日本にはなかった教育内容として，音楽教育と体育とが導入されている点が注目される。音楽教育としては，前述のアルメイダ修道士らの指導のもと，フルート，クラヴォ，オルガンなどの器楽演奏とグレゴリオ聖歌や多声の合唱聖歌などの練習が行われた。体育に関しては，夏には水泳訓練が行われ，週末には生徒全員が弁当持参でピクニックに出かけたりしていた。また，イエズス会学校は学校教育の場に演劇を導入する伝統を有していた。復活祭やクリスマスといった大きな祭日には文化祭が行われ，生徒たちは演劇や歌唱，ラテン語の演説などにおいて日頃の教育成果を披露した。

また，注目すべきなのは，セミナリヨにおいてすでに一定の神学的基礎教育がほどこされていたこと，また特に今日で言うところの「宗教学」の授業，すなわち仏教をはじめとする日本の宗教についての知識教育がなされていたことである。

ヴァリニャーノは，『日本のセミナリヨ規則』において完全な学寮制度を採用している。ヨーロッパでは，1599年の『イエズス会学事規程』においても学寮制度は採用されてはおらず，これは日本という場を考慮した独自の方針と言える。ヴァリニャーノは，日本社会が非キリスト教的環境のもとにあることを考慮し，将来の司祭を養成するため少なくとも勉学期間には外部社会からの「見えないカリキュラム」の影響力を遮断したキリスト教的環境のもとで，徹底したキリスト教的教育を施そうとしたものと考えられる。セミナリヨ

の「時間割」も、こうした方針を貫徹させるために考え抜かれたものであった。

ヴァリニャーノは、日本の実状に即した教科書を作成するために印刷機を導入することを希望していた。彼の念願は、後述するコレジヨが加津佐にあった1590年、帰国した少年使節団がヨーロッパから持ち帰った活版印刷機をそこに設置するに及んで実現し、いわゆる「キリシタン版」と呼ばれる多数の出版物が発行されることとなる。その中にはセミナリヨの教科書類も多数含まれていた。

5　ノヴィシアードおよびコレジヨ[10]

(1) 沿　革

ノヴィシアードおよびコレジヨの設立は、当時キリスト教の有力な庇護者であった大友氏が支配する豊後の地に実現した。

ノヴィシアードは最初は1581年に豊後国臼杵に開設された。大友義鎮(宗麟)は、1576年に息子の義統に家督を譲るが、臼杵の丹生島城に居を移して二元統治を行っていた。そのため、臼杵も実質的には大友氏の城下町となっており、府内から宣教師や信者が移り住み、天主堂などが建設され栄えていた。ノヴィシアードでは、当初、日本人6名、ポルトガル人6名の修練者を迎えていたとされる。後になって、大友氏が没落しその庇護を得られなくなると、ノヴィシアードは長崎に移り、さらに有家、天草へと移転した。

コレジヨも、1580年に大友氏の本拠地である豊後国府内(現大分県大分市)に開設された。1586年までコレジヨは府内にあったが、その年、薩摩の島津家久による焼き討ちに

第 5 章　キリシタン時代における日本のイエズス会学校教育

遭い府内が壊滅するに及び，山口に移り，1 年後の 1587 年 7 月 27 日，秀吉の宣教師追放令によって平戸の生月に移された。禁教令にもかかわらず，1588 年 2 月頃，コレジヨは千々石の釜蓋城の陰で新しく活動し始めた。しかし，千々石でも長く続けることはできなかった。1589 年に有馬，そして 1590 年には島原の加津佐へ，そして 1591 年，天草の河内浦に落ち着くことができた。天草では 7 年間にわたって積極的な活動を見せた。この時代には，後に日本の教会に力を尽くした日本人修道士と司祭が多く養成されたが，1597 年，二十六聖人の殉教後，コレジヨは長崎に移され，徳川の禁教令まで長崎に置かれることになる。先述のとおり，日本最初の活版印刷機は加津佐時代のコレジヨに導入され，「キリシタン版」の出版はそこで行われた。

　本来コレジヨは，聖職者育成のためのみならず，広く一般教養をも含んだ高等教育機関であった。しかし，先述の事情により，主として司祭養成のための「大神学校」としての性格を帯びるようになってゆき，府内に実現したコレジヨはもっぱらイエズス会司祭を養成することを目的とするものとなった。教区司祭養成のための神学校については 6 節で後述する。コレジヨは，日本人を司祭として養成するためのみならず，ヨーロッパやインドから渡来した外国人，さらには日本でイエズス会に入会した外国人をも含めての養成機関として計画されていた。

　なるべく徹底した学問的養成を受けることが求められていたヨーロッパのイエズス会士たちは，有力な大学において当時最高の教育課程を修了していた。その教育課程は，まず 2-3 年間にわたるラテン・ギリシア文学を中心にする「人文課程 Humaniora」，次いで 4 年間の「哲学課程 Artes,

5 ノヴィシアードおよびコレジョ

Philosophia」と 4 年間の「神学課程 Theologia」とからなっていた。ヴァリニャーノは、日本国内のコレジョにおける高等教育課程についても、可能な限りヨーロッパの高等教育の水準を保つ形での枠組みを実現させるべく努めた。しかし、幾つかの点で日本の国情に即した対応をとっている。

ヴァリニャーノはまず、府内のコレジョにおいては人文課程の設置から出発し、神学生がその目標に達した 2-3 年後に哲学課程を開始し、さらに 2-3 年たってから神学課程を設置することを計画した。先述の通り、当初の計画では、この哲学・神学課程のためのコレジョはミヤコに設立する予定であった。セミナリヨと同様に、人文課程の設置は直ちに着手され、1580 年からスタートしている。

ルネサンス以降、当時の教育思想を支配していた人文主義の教育理念は、まずは言語訓練を中心とするものであった。ヨーロッパにおいては、西洋文化の源流をなすギリシア・ラテンの古典文学の学習に力が入れられていた。キリスト教的人文主義においては、これに加えて教父の著作について学ぶのが常であった。ヴァリニャーノは、日本のコレジョにおける人文課程についても古典文学の学習を中心に構想していた。しかしながら、セミナリヨに関連してすでに述べたように、彼は、西洋文化と日本文化とを調和的に学ばせることを意図していた。そのため、ヴァリニャーノの教育規則では、西洋文化に関してはラテン語およびラテン文学のみを学ばせることとし、ギリシア語およびギリシア古典の学習に代えて日本古典文学、たとえば平家物語などを学習させることとした。

1580 年、府内のコレジョが人文課程からスタートした時点では、日本人のイエズス会士はまだ臼杵で修練中であっ

た。したがって、府内のコレジヨの最初の学生は、2、3年ほど前にイエズス会に入会し、日本国外で修練を済ませたポルトガル人神学生だけであった。日本語および日本文学についての教育は、ラテン語・ラテン文学と並ぶ人文課程におけるもう一つの柱であったが、ヴァリニャーノは、来日後まだ日も浅かったポルトガル人神学生向けに日本語の教科書を作成させた。1581年度イエズス会年報で、「日本語の文法書は本年完成し、また辞典と日本語著述数種ができた」との記述が見られるが、それらの教科書についての詳細は不明である。ポルトガル人神学生たちの日本語習得がある程度進んだ段階で、彼ら自身の訓練をかねて次第に布教活動にも参加させるようにした。

1583年、予定された人文課程を修了した神学生は、ミヤコに新設されるコレジヨに移り、そこで哲学課程を学び始めるはずであった。しかし、本能寺の変以降の動乱のため、哲学・神学課程のために予定していたミヤコのコレジヨの設立は不可能となった。そのため、当時マカオに滞在中であったヴァリニャーノは、予定を変更して哲学課程を府内のコレジヨで始めるように指示したと考えられている。

ヨーロッパの一流大学においては、哲学課程はたいてい3-4年かけて「論理学 Logica」、「心理学 Psychologia」、「自然哲学 Cosmologia」、「倫理学 Ethica」を学び、これを卒業すると Magister Artium（M.A.）という学位が得られ、哲学の講義を行う資格が与えられた。おおむね現代の日本の「修士」号に該当するものであった。しかし、ヴァリニャーノは、日本ではこの課程を短縮し、2年と見積った。彼はヨーロッパを土壌として論議された特殊な問題を省き、むしろ日本のために必要な課題をとりあげるようにと指示した。そし

5 ノヴィシアードおよびコレジョ

て日本のために特別な教科書を作成することを総会長に依頼した。

こうした課題に応えるべく、以前コインブラ大学で2回にわたり4年間の哲学課程の講義をした経験を持つペドロ・ゴメス（1535-1600年）が哲学の教授として日本へ派遣された。ゴメスは船の難破に苦しみながらも1583年の秋、日本に到着したが、先述のとおり、この時点ではミヤコのコレジョ設立はすでに不可能となっていたので、彼は豊後布教区の長に任命された。哲学課程の授業は、1583年10月21日に、まず「論理学 Logica」から開始された。学年進行に従い、最初の学生が哲学課程を終える2年後の1585年4月から神学課程が開始された。

1585年度のイエズス会年報には「復活祭（註　1585年4月21日）が過ぎて、ペドロ・ゴメス神父は神学の講義を始め、アントニオ〔フレネスティノ〕神父は秘跡の講義を始めた。臼杵の修練院から日本人修道士4，5人が府内のコレジョに来て、ラテン語の学習を始めたが、当国人は鋭敏で、大いなる判断力があるので、良好の成績をあげ、ヨーロッパの神父や修道士たちの驚嘆するところとなった」[11]との記述がある。

この記述から、新たに修練院からコレジョへと進んできた神学生、それもラテン語を優秀な成績で習得した最初の日本人神学生が人文課程に進み、そのときまで哲学課程にいた神学生のために神学の講義が始められたことが伺われる。「神学」の内容は、トリエント公会議の規定に即した簡潔な教理神学であったと考えられている。告解を聴くことを中心とする司祭としての司牧のためには、決疑論的な倫理神学が重視されていた。倫理神学は当時 Causa conscientiae 略して

Causa と呼ばれていたが、府内の講義は Theologia と呼ばれていたので、おそらく「教理神学 Dogma」であったと考えられている。ゴメス自身がこれを担当していた。

(2) 『イエズス会日本コレジヨの講義要綱』[12]

ゴメスは、日本のコレジヨで蓄積した講義内容を、一連の教科書へとまとめ上げた。『天球論』、『霊魂論』、『真実の教(神学)』の三部から成る『イエズス会日本コレジヨの講義要綱』である。執筆年代は1592-93年と考えられている。その写本の一つが、現在もローマのヴァチカン図書館に保存されている。また、その日本語本は1595年に成立している。

(a) 『天球論』

『講義要綱』の第一部をなす『天球論』は自然科学を扱っており、さらに二部に分かたれている。

『天球論』第一部は、アリストテレスおよびプトレマイオスの流れを汲む天文学の体系をヨハネス・デ・サクロボスコの『天球論』（Joannis de Sacro Busto, *Libellus de Sphaera*）にもとづいて編纂したものである。しかしながら、原著と比較した場合、1582年にグレゴリウス十三世によってなされた改暦などについての詳細な記述が組み込まれたこと、反面、気候帯や星の出没についての箇所を簡略にするなどの点で、日本人に紹介するための配慮を示している点などがゴメス独自の点とされている。

『天球論』第二部では「月下界について」と題して、四元素論・地球論・気象論が論じられている。こうしたテーマについては、上述ヨハネス・デ・サクロボスコの『天球論』では扱われていない。第二部の内容は、ゴメス自身がかつてコインブラ大学で講じたトマス・アクイナスの『アリストテ

レス註解』(S.Thomae Aquintis, *In Aristotelis Libros de Caelo et Mundo, De Generatione et Corruptione, Meteorologicorum Expositio*. アリストテレスの天地論,生成消滅論,気象学の各註解)から,その基礎を得たものと考えられている。

『天球論』の構成および内容は,17世紀末の洋学者小林謙貞が記した『二儀略説』とほとんど同じものであり,『二儀略説』が禁教時代に密かに伝えられたゴメスの『天球論』を小林が紹介したものであることが知られている。『天球論』は,大地球体説を知らなかった当時の日本人に,初めて科学的な宇宙観を体系的に理解させようとした最初の試みであった。尾原悟は「ゴメスはギリシア以来の中世的・伝統的世界像をそのまま踏襲してその要約を紹介したのではなく,ルネサンス的な近代科学への新しい課題を含め,日本に必要な科学思想を実証的考察とともに論じている」[13]と指摘している。

(b) 『霊魂論』　『講義要綱』第二部は『霊魂論』である。日本語の表題には「アニマノ上二付テアリストウチリスト云天下無双ノヒロウソホノ論セシ一決ノ条々」とある。つまり本巻はアリストテレスの『霊魂論』の註解であり,カトリック教会においてアリストテレス註解者として最も権威を有していたトマス・アクイナスの *In Aristotelis Librum de Anima Commentarium*(アリストテレスの『霊魂論註解』)を基礎としたものである。

ゴメスの『霊魂論』はさらに三部に分かれるが,それはアリストテレス『霊魂論』の構成に従ったもので,第一部では霊魂一般と霊魂の各論,第二部では感覚的霊魂とその機能,第三部では知的(理性的)霊魂とその能力について論じられている。

第5章 キリシタン時代における日本のイエズス会学校教育

イエズス会の教育の方針では、哲学課程において学生たちに「Logica（論理学）・Ontologia（存在論）・Critica（認識論）・Physica あるいは Cosmologia（自然科学・自然哲学）・Metaphysica（形而上学）・Psychologia（心理学的人間論）・Ethica（倫理学）など」を習得させることになっているが、ゴメスは『霊魂論』において哲学の学習を集約させようとしていたようである。

『霊魂論』という素材を選択したのは、西洋人と日本人との間にあって霊魂観の相違が特に甚だしかった、という事情が挙げられる。すでに、ザビエルも書簡のなかでこのことに言及して、日本人は霊魂 anima の働きについて自分たちとかけ離れた異なった考えを持っていること[14]を指摘している。その後も、仏教僧との論争に際して常に問題となるのが霊魂論、すなわち人間が理性的霊魂と身体とから成り、理性的霊魂は不滅にして非物質的存在である、というテーゼをめぐってのことであった。山口で討論したフェルナンデスはザビエルに宛てて、21箇条にわたる「人々が発した種々の質問」を報告し、その中で第一に霊魂問題を取り上げている[15]。信長の面前で日乗と論争したフロイスも、身体に内在するが物質に支配されることのない理性的霊魂が人間の生命と人格性の原理である、と主張している。霊魂論は、日本宣教の初期から一貫してイエズス会士たちにとっての最も重要な哲学的問題であった。ゴメスが『霊魂論』を哲学の主要テキストとして取り上げたのは、おそらくそうした問題意識にもとづくのであろう。尾原は、この『霊魂論』について次のように解説している。

「論を進めるに当たって、論理学や存在論・認識論に触れ、方法論として採り入れ、自然神学とも関連付けてい

るが,あくまでも主たる論の展開は,科学とも言える生物学心理学的な面から出発して人格の独立性,人間の自由な意志,人間性の尊厳[16]へと導かれ,哲学的人間論によって貫かれている。それは,教訓や倫理以前の根本的な人間存在が動植物と質を異にする精神的存在であることと,不滅の存在であることの二点の強調は,キリスト教が日本との出会いで最も煮詰めなければならぬ問題であったからである。『デ・アニマ』はこの意味で日本の歴史的背景と精神的風土に対して,迎合的妥協でも全面的否定でもない人間そのものへの問い掛けを通しての深い出会いの試みであった。第三巻末尾の「アニマラショナルノ正体ハ不滅ナリト云事」という抜き書きは,ラテン語本『講義要綱』にはないもので,『二儀略説』と同じく最も日本で強調したいと考えて付け加えたものである。」[17]

(c) 『真実の教』　『講義要綱』第三部は,『真実の教』(Catholicae veritas ノ Compendium『カトリックの真理の要綱』)と呼ばれる教理神学書である。

当時のカトリック神学については,プロテスタント教会の台頭とトリエント公会議（1545-63 年）という背景を抜きにしては語り得ない。トリエント公会議は教理教育を重要課題と認識し,1563 年,『ローマ・カテキスムス』が編纂される。公会議自体,ルター,カルヴァンらによる信仰上の問題提起が契機となっていることは言うまでもない。「教理問答書」という形式による『カテキズム』教育はプロテスタント側が力を入れ,その伝統は現代にまで及んでいるようである。『ローマ・カテキスムス』の編纂はこれに刺戟され,こ

第5章 キリシタン時代における日本のイエズス会学校教育

れに対抗するためのものであったとも考えられる。『真実ノ教』の冒頭では,『講義要綱』が基本的にトリエント公会議の方針を尊重し,これに則っていることが記されており,事実『真実の教』の内容は『ローマ・カテキスムス』のそれとほぼ一致している。

「一巻ニハ,ヒイテスノ上ヲ論ス。」すなわち信仰論である。これは,「真実ノ教」の約半分の分量を占める。その中の特に四六以下では「エケレシヤ」について,すなわち教会論が展開している。そこでは,「同じキリスト教信仰の告白によって,また,合法的な牧者の指導のもとに同じ秘跡を受け,とくに地上におけるキリストの唯一の代理者であるローマ教皇のもとに集り,一致した人びととの集団である」カトリック教会というトリエント公会議の立場が強く打ち出されている。

「二巻ニハ,デウスノ御掟ノ十ノマンタメント,恵化レシヤノ五箇条ノマンタメントノ上ヲ論ス。」これは,十戒および「教会の五つの掟」についての解説である。

「三巻ニハ,七ツノサカラメント,スピリツ サントノドント云テ,御与ヘノ事ヲ論ス。」すなわち,秘跡論である。上述の教会論にもとづくカトリック教会を神と結びつけ,また,教会の交わりを強めるものとして秘跡を位置づけている。

「四巻ニハ,キリシタンノ上ヲ論ス。」これは,『ローマ・カテキスムス』では「祈り」を論じた部分に相当するはずの部分であるが,『講義要綱』では省略されている。尾原はこの省略について「祈りに関しては,すでに刊行済みのルイス・デ・グラナダの『祈りについて』や『ローマ・カテキズモ』を参照するようにと,ここでは省いたのであろう」とし

ている。

「五巻ニハ，善悪ノ上ヲ論ス。」これは具体的には「ビルツウデ」について扱う徳論である。『イエズス会日本コレジヨの講義要綱』Ⅲ解説の315頁以降に，徳論の内容・構成が一覧表に図示されている。これを一見して明らかなことは，この内容はトマス・アクィナスが『神学大全』第Ⅱ部において，信仰，希望，愛，賢慮，正義，節制，剛毅という七元徳を柱とし，それらの諸徳に属する行為，それらに反する悪徳や罪について扱っている構成に準拠している点である。

尾原は，こうした徳論が置かれていることの意義として，「しばしばキリスト教倫理・道徳が神の裁き，罰を示して恐れから罪を避けるようにすすめる「なかれ，べからず」の禁止事項の羅列と受け取るむきもあるが，『講義要綱』では弱さを越えて進むべき積極的な人間性の探求に主眼が置かれている」[18]と指摘している。

これは，アリストテレスの徳倫理学を取り入れたトマス倫理学全体の基本的特徴を捉えた指摘と言える[19]。現代に至るまでイエズス会教育の特徴は，世界に対する肯定的な態度にあり[20]，基本的にそれはトマス倫理学の本質と一致している。

6 教区神学校[21]

1588年，日本の教会は教皇シクスト5世により独立の司教区として認められ，司教座は豊後国府内に置かれることとなった。初代および二代目の府内司教は本格的にその職に当たることができなかったが，三代目のルイス・セルケイラ司教が1598年に来日し，1601年に初めて日本人を司祭に叙階

第5章　キリシタン時代における日本のイエズス会学校教育

すると同時に，教区司祭のための神学校が設立され，1614年，家康による禁令まで存続する。神学校は，施設としては当時長崎にあったコレジヨ内に設置されていた。セルケイラ司教自身がいずれ本来の司教座の場である府内に移るつもりで，そのことが可能となるまで長崎コレジヨを仮住まいとしており，神学校はその司教とともにあったからである。しかし1607年，府内に移ることが不可能と判断された時点で，長崎コレジヨとは別棟を建て，司教館と神学校とはそこに独立することとなる。

神学校を開校するに際して，セルケイラ司教が目指した教育目的は教区神学校のそれ，すなわち，教区司祭および司牧者として相応しい人材の養成ということであった。したがって，学問を追求する大学の教育理念とは異なり，「小教区の司牧について熱心で善良な司祭を養成」することを目指し，「学問よりはむしろ堅固な修徳および実践神学における訓練に重点をおいた」のであった[22]。

神学生たちは全員有馬のセミナリヨの課程を修了しており，そこでは先述のとおり，一般的教養科目のほか，神学と宗教学の基礎教育が施されていた。さらには，彼らの大半は，伝道士や説教者としてすでに宣教活動の実績も積んでいた。必要とされていたのは，司祭としての活動に固有な知識を充分な形で与えることであった。当時の見解によれば，それは特に「良心問題 Casus conscientiae」についての研究，すなわち決疑論的な「倫理神学 Casuistica」であった。司祭としての司牧活動に特に固有な点は聴罪，すなわち信徒たちに告解の秘跡を授けることにあった。聴罪は信徒に対する霊的指導にとってこの上なく重要な場面だったからである。

ヨーロッパにおいても，司祭を養成する神学校では，実践

的な神学，具体的には倫理神学と教会法とが重視されていた。特にイエズス会士たちは，司牧と布教のために働くことを使命としているので，その養成課程では実践倫理が重視された。1599年に完成した『イエズス会学事規程』では，「倫理神学 Casuistica」の講座をすべてのイエズス会の学校に設けることを命じている。長崎の神学校にあってもセルケイラ司教は「倫理神学においてよく訓練された人，最も実践的な司牧者を養成すること」[23]を目指していた。学者が必要とされた時には，学問上の専攻と神学の学位のために，適当な候補者をローマか他の諸大学に送ればよいと考えられた。神学校ではイエズス会が倫理神学のために二人の神父を教授として提供し，彼らはローマ大学を模範として毎日各人一時間「倫理神学」すなわち「良心問題」について教えた。そのほか講義に対する複習と討論も行われていた。

7　結　語

　当時のイエズス会士たちが日本を宣教と教育の場としてどのように位置づけており，また，彼らの教育理念を実現する環境として当時の日本社会がいかに捉えられていたか，という本章冒頭の問いに簡潔に応えることにより本章を締めくくることとする。

　当時の日本におけるイエズス会学校教育の全体計画はヴァリニャーノが構想し，コレジヨの教育内容はゴメスが骨格を作ったと見てよい。彼らがヨーロッパにおけるイエズス会学校の伝統が積み重ねてきた教育理念をどこまで受け継いでおり，またいかなる点で日本社会への「適応」の努力が窺われるのか，をまとめてみよう。

第5章　キリシタン時代における日本のイエズス会学校教育

　当時のイエズス会学校が伝統的に築き上げてきた教育理念とは、一言で言えばキリスト教的人文主義教育に他ならなかった。ヴァリニャーノは、基本的には人文主義的な精神にもとづく形でのヨーロッパ的学校教育を日本に導入しようとしていた。ただし、先述のとおり、ヨーロッパにおける人文主義教育がラテン語、ギリシア語による言語の訓練と古典教育とが中心であったのに対して、ヴァリニャーノは、日本語教育および日本の古典についての教育をもってギリシア語およびギリシア古典に代えた。この時期、ヨーロッパにおいても未だ「国語教育」なるものは発展していなかった事情を考慮するならば、彼らがいかに日本文化との真剣な「対話」を志向していたかが窺われる。

　また、ゴメスが主導して築き上げていったコレジヨの教育課程においては、日本人の合理性を受け入れる精神に応える形で日本に初めて西洋における最先端の自然科学的知識を伝えるとともに、トリエント公会議の精神にもとづく当時のカトリック教会としては最新の神学的枠組みを日本に伝えようとしていた。特に注目すべき点は、哲学課程の教育において、アリストテレスの『霊魂論』を題材としたことには、特に霊魂の概念をめぐる当時の日本人の宗教観に対して真剣な対話を試みようとしていたことが窺われる。

　我々は、彼らが「ヨーロッパの進んだ学問知識を遅れていた日本に伝えた」と見る先入観を捨て去ってみる必要があろう。彼らは日本社会――おそらく中国社会も同様であったであろうが――は固有の伝統を有する高い文化水準を備えた世界であり、日本人を自分たちと対等以上の知的可能性を有する民族であることを認めていた。それゆえ、彼らが日本において計画し、実行に移した教育実践は、ヨーロッパにおいて

7 結　語

彼ら自身が学び，また築き上げてきた教育伝統の意義を，彼ら自身にとってもあらたな文化との対話の中で問うてゆく実験と挑戦の場であったように思われる。

第6章
『日本のカテキズモ』
―― A・ヴァリニャーノの日本仏教批判 ――

1 はじめに

　第3章で概観してきたヴァリニャーノの事跡，特にその適応主義は時代を数百年先取りした卓見であった。しかしながら，カトリック教会が東西霊性交流に積極的に取り組んでいる今日の視点から見た場合の「限界」として，彼の仏教に対する敵対的態度がしばしば指摘されている。本章ではこの点について検討してみたい。

2 『日本のカテキズモ』

(1) 『日本のカテキズモ』の基本的性格

　ヴァリニャーノの著作に『日本のカテキズモ』[1]と題する一書がある。この書物は実質的にはヴァリニャーノによる日本仏教批判を内容としており，彼の日本仏教に対する敵対的姿勢を典型的に示すものである。『日本のカテキズモ』は，ヴァリニャーノ自身の意に反して出版されたものであるが，一時期「準備福音宣教」（Preevangelization）の古典として注目されたことがあった。

　イエズス会のロペス・ガイ（J. López Gay）神父によれ

2 『日本のカテキズモ』

ば[2]，ヴァリニャーノの『日本のカテキズモ』の表題は，キリスト教信仰のカテキズモとなってはいるが，それは内容を正確に示していない。つまり，本書は一般に使用されているような教理教育のための，未信者と宣教師との対話形式のカテキズモではなく，準備福音宣教のために，将来の伝道士および宣教師用として編纂された長文の教理論であった，という。ロペス神父の見解を井手勝美は次のように解説している。

> ヴァリニャーノは，日本の布教初期において特殊のテーマを論ずる準備福音宣教 Preevangelización と，教理教育 catequesis とを明確に区別していた。特に前者，すなわち準備福音宣教を先ず最初に重視すべき必要を洞察していた。日本はキリスト教に道を鎖した新しい世界である。かかる異教地においては，最初から一般のカテキズモのように，キリストの玄義を解説しても無効なるが故に，その前段階，準備として，すなわち，福音宣教以前の準備布教として，信仰問題に無関心な異教徒日本人に信仰問題を喚起し，霊魂を準備し，理解し易い雰囲気を醸成し，最初の橋頭堡を築かねばならなかった。この方法を集大成したのがヴァリニャーノの『日本のカテキズモ』であった。[3]

ところで，この『日本のカテキズモ』の扉には次のような言葉が記されている。

> 此処にはわれらの宗教の真理が開陳され，日本の諸宗派が論駁されている。イエズス会士アレッサンドロ・ヴァ

141

第 6 章　『日本のカテキズモ』

リニャーノ神父によって編まれた。

聖なる最高審問所と司教の允許を得て。

リスボア，アントニオ・リベリオ刊。1586 年

　この言葉のうちに，ヴァリニャーノが構想した「準備福音宣教」とはいかなるものであったかが簡潔に示されているように思われる。それはすなわち，まず「日本の諸宗派を論駁」して日本人の魂をいわば更地にしたところに，「われらの宗教の真理」を開陳しよう，という構想である。ここでは「日本の諸宗派」，すなわち日本仏教はあくまでも「論駁」の対象と見なされていたのであった。そしてその「論駁」に際して，ヴァリニャーノは自らが学んだスコラ哲学の方法を駆使している。

　ところで，井手の指摘するところによればヴァリニャーノの『日本のカテキズモ』は，決して新たな構想による著作ではなかった。当時のイエズス会員たちは日本仏教に対して，今日的表現を用いるならば詳細な「宗教学的」研究を行っており，ヴァリニャーノの『日本のカテキズモ』もそうした仏教研究の伝統の中に位置づけられるべきである。適応主義の問題に関してヴァリニャーノと激しく対立したフランシスコ・カブラル（Francisco Cabral, 1529-1609）も，仏教研究という点では彼の先行者として位置づけられる。

> カブラルは，日本の諸宗教宗派の研究に異常な熱意を示し，博多の改宗僧フアン・ケンゼン，山口のイルマン・フアン・デ・トルレスおよび日本の宗教に最も精通したパードレ・ルイス・フロイスその他の協力を得て，日本諸宗教を論駁した日本語のカテキズモをすでに 1575 年

2 『日本のカテキズモ』

上半期に編纂を完了していた。[4]

つまり、ヴァリニャーノは仏教に対してあくまでも敵対的な態度のもと、論駁の対象としてこれを研究の対象とした、という点ではカブラルと変わるところがなかった。なお、当時のイエズス会士たちによる仏教研究について付言しておくと、ヴァリニャーノの布教方針のもとでイエズス会修道士となった後述する臨済宗大徳寺派出身の不干斎ハビアン（1565-1621）による仏教批判書『妙貞問答』においては、今日の読者から見ても日本仏教概論として通用する程に詳細な当時の日本仏教諸宗派についての解説が展開されている。

(2) ヴァリニャーノと日本仏教──中国儒教の場合との比較

ヴァリニャーノが日本仏教に対して示した敵対的な態度に関連して、アンリ・ベルナール（Henri Bernard S.J. 1889-1975）は次のように述べている。

> 聖フランシスコ・ザビエルが提議した「日本語化」は、布教上のすでに過ぎ去った段階と考えられ、ヴァリニャーノの来日した時、「日本語化論者」と「ヨーロッパ語論者」との論争は、前者の決定的な敗北によって終了した。そして何か必要上の適応について論議される場合があるとしても、それは専ら純然たる儀礼上の慣習に関するものであった。しかして、仏教について語るのは、ただそれを攻撃するためにのみ行われるようになった。[5]

第 6 章 『日本のカテキズモ』

　ここで言及されている「日本語化論者」と「ヨーロッパ語論者」との論争とは，キリスト教が仏教思想をその語彙とともに取り込むことの可否に関わる問題であった。この点は，同じヴァリニャーノの指導のもとにありながら，中国における儒教に対する融和的態度との落差を示すものである。マテオ・リッチは，中国への布教に際して，儒教の用語を取り込んでいった。用語の受容は儒教の思想内容をも一定程度取り込んでゆくことを意味する。この点は，日本における問題とは異なった中国布教に固有な問題（いわゆる「典礼問題」」）をもたらすことになるのであるが，ともかくも言語戦略における「日本語化論者の敗北」は仏教的語彙および思想の全面拒否を意味することになるのである。

　こうした展開の背景として，井手は，ヴァリニャーノが「キリスト教の教理内容が中国においては障害のないこと，さらに，当時の中国仏教は，日本仏教のような勢力と権威を有していないことを」[6]見て取っていた，と指摘している。「換言するならば，この事実こそ，中国においては日本と異なり布教の内部的知的適応が容易に遂行され得た可能性を示すものであり，それは同時に，日本の仏教が，キリスト教にとって一大強敵であった」[7]事情を示していたことになる。

　ともかくも，ヴァリニャーノのような先覚者をもってしても，仏教に対して共感的・内在的理解を試みる姿勢は残念ながら見られなかった。

（3）『日本のカテキズモ』の内容――仏教批判

　次いで，我々は『日本のカテキズモ』というテキストそのものを概観することとしたい[8]。『日本のカテキズモ』は上下二巻構成で，上巻は「八講」，下巻は「四講」から成る。

2 『日本のカテキズモ』

先述のとおり、本書のタイトルは『カテキズモ』と称してはいるが、いわゆる「要理書」もしくは「教理問答書」とは性格を異にしており、おそらく将来の伝道士および宣教師を読者として想定した教理論である。本書の大半は当時の日本仏教の解説とその論駁に費されており、キリスト教そのものの解説は、「最後に、あたかも附録のように僅かに述べられているに過ぎない」[9]。つまり、量的にも内容的にも本章の主要関心である日本仏教の解説と批判とを内容とする上巻に力点が置かれている。

上巻の、したがってまた全体の「序論 Proemivm」において、ヴァリニャーノはまず「人間には理性があり、人間の知性はこれによって事物の相違を把握し、判断するよう照明される」ということ、すなわち理性的探究の普遍的性格を強調している。このことを踏まえて「第一講」ではまず、ヴァリニャーノは万物の至高唯一の「根元」が存在することについての理解は普遍的なものであるとしている。しかしながら、その根元の概念については人々の見解は対立していると述べ、対立点として以下の三点を枚挙する[10]。すなわち、

(1) この根元の力、本性、実体について教える際に、人々はそれぞれに異なった教え方をしている。
(2) 根元が万物にそれらが存在する力をいかにして与えているのかを説明する際において異なっている。
(3) 現世に来世が続くのか否か、かの根元は人間の行為に摂理をもって関わるのか否か、根元は現世、来世で人間の行為に報いを与えるのか否か、といった点について対立している。

これらの点について日本仏教の諸宗派も論じているが、その諸説は互いに著しく矛盾している、と指摘した上で、ヴァ

第6章 『日本のカテキズモ』

リニャーノは日本仏教のすべての所説を「ゴン・ジツ」(権実 Gonjit) という対概念を用いて総括している。

（A）「権」とは「かりそめ」「方便」の教えという意味であるが，ヴァリニャーノはこれを「外面に現われる事物の現象を追求する人々の意見」，つまり，通俗的な教説と解する。（B）「実」は「真」すなわち「真実と呼ぶ内面に隠れ包含されたものを追求する者」の見解を指すものと考える。ヴァリニャーノは日本仏教の教説をこれらAB二つのレヴェルに分けて検討している。

ヴァリニャーノはまず，「実教」であるところのB「日本の僧侶達がみずから真理と呼んでいる，事物の中に隠れ，生じ，位置していると教えている点」を取り上げて検討するが，その教説を以下の四点に要約する。

（BI） 根元が無為であって「この世を配慮しない」とされている点。

（BII） 根元と万物とが同一実体である，とする汎神論的見解，および万物が消滅後根元に融解する，とする見解。

（BIII） 死後の人間が完全に消滅して根元に帰し，死後の人間に対する賞罰がないとする見解。

（BIV） 人間が現世で第一の根元の最高段階に達しうるとする見解。

さらに第四講でBIVの検討に入る前に，ヴァリニャーノは彼が「権教」と評価するAの立場についての検討を行っている。

まずヴァリニャーノは，仏僧たちが自らが信じていないことを教えている点を非難している[11]。その上で，彼はAの教説についてもBの場合と同様以下の要点に要約する[12]。

2 『日本のカテキズモ』

（AⅠ）「カミ」と「ホトケ」とが存在し（彼ら自身は，これを多種多様の名で呼んでいる）人間がこの世で有するすべての善は，この「カミ」と「ホトケ」が与えるのであり，またその律法を守った者たちには，死後別世界で救済がなされると主張する。

（AⅡ）「カミ」と「ホトケ」の恵みによって，人間が別世界で得る救済，つまり「彼岸」についての仏教の通俗的教説は感覚的快楽に訴えている。

（AⅢ）いわゆる輪廻説。

ヴァリニャーノはこれらの点を吟味するに際し，三つの角度から論を進める[13]。

(a) 日本諸宗派の教義そのものに対する論駁。

(b) これらの「誤謬」が発生する原因の究明。

(c) ヴァリニャーノ自身が主張する真理の開陳。

以上の前提から，ヴァリニャーノによる仏教教説に対する批判は，批判の対象となる仏教教説BⅠ-Ⅳ，AⅠ-Ⅲと考察の角度 (a) - (c) との組み合わせが基本構成となる。

このような形で，日本仏教の教義についての批判を上巻第四講までで展開した後，上巻第五講では仏教諸宗派の教説に対する倫理的批判が展開される。具体的には，①偶像崇拝，②僧侶に女犯を禁じていながら，稚児を用いること（男色）を認めていること，③理性を持たぬ動物の殺生を禁じていながら，「人間の殺生は，善いことであり，また聖なることとして認められ，人々はそこで殺生し合い，自殺さえする」。この③，特に自殺について紙面を割いて論じているのは戦国時代末期という日本の時代背景を感じさせる。

注目すべきなのは，④「ナム・アミダブツ」（南無阿弥陀仏 Namu Amidabut）と唱えたり，または〔ミョウ〕「ホウレン

ゲキョウ」（〔妙〕法蓮華経 Forenguequio）と唱えたり，また他の「悪魔」の名を読誦して，ただこれを唱えることだけで，絶えずすべての罪の汚れと苦しみから浄められると考えていることに対する批判である。

ここでヴァリニャーノは，「前述の名を唱えられている者が真のデウスであると仮定しても，その名をただ呼ぶだけで罪の赦免がなしとげられるとか，何らかの叫び声の力で，罪障や破廉恥行為が赦されることはありえない」ということを四通りの論拠にもとづいて論証している。これについては後に詳述するが，この④の論点がプロテスタントの教義と通じていることを念頭に置いたものと考えられる。

上巻第六講以降下巻に至るまでは，キリスト教の教義についての通常の意味での『カテキズモ』となっている。

3 『日本のカテキズモ』の特色

以上，『日本のカテキズモ』の構造のみを概観してきたが，この簡潔な一瞥だけからも，この書物は「道理」をもって理性に訴えようとしている点に特色があることを見て取ることができる。

(1) 神の存在についての「デザイン論証」——日本人の自然科学志向への適応

まず，ヴァリニャーノが日本人に対して基本的に自然神学的な角度からのアプローチを試みている点に注目したい。彼は理性的探究の普遍的性格を強調し，「万物の至高唯一の根元が存在すること」についての普遍的な理解に訴えている。特に彼は日本仏教の教説ＢⅠの批判に関連して，創造者とし

3 『日本のカテキズモ』の特色

ての根元(デウス)の存在を証明して見せているが,その際「デザイン論証」と呼ばれるタイプの議論を多用している。「デザイン論証」とは,精巧な作品には制作者がいるように,宇宙を支配する秩序にはこれをデザインした者として神を措定する,というタイプの議論である。

このことの背景として,当時の日本人がイエズス会士たちのもたらした自然学的知識,特にその宇宙論に強い関心を示し,かつその先進性に圧倒されていた,という事情を指摘することができる[14]。たとえば,ヴァリニャーノの基本方針のもとに日本に解説されたコレジヨ(上級コレギウム)で教鞭をとったペドロ・ゴメス(Pedro Gómez S. J. 1535-1600)が著した『講義要綱』[15]の第一部『天球論』は,大地球体説を知らなかった当時の日本人に,初めて科学的な宇宙観を体系的に理解させようとした最初の試みであった。『天球論』の構成および内容は,17世紀末の洋学者小林謙貞が記した『二儀略説』とほとんど同じものであり,『二儀略説』が禁教時代に密かに伝えられたゴメスの『天球論』を小林が紹介したものであることが知られている。他方,「キリシタン」時代における日本仏教の世界観はヴァスヴァンドゥ(世親 Vasubandhu 300頃-400頃)の作になるとされる『倶舎論』がそのまま権威となっていたので,イエズス会士たちが伝えた宇宙論は千年以上進歩したものであったことになる。知的好奇心に富んだ日本人たちがイエズス会士たちのもたらす自然科学的知識を好んで吸収しようとしたことは,すでにフランシスコ・ザビエル(Francisco de Xavier S.J. 1506頃-1552)が報告している通りである[16]。

こうした日本人の自然科学および文明への志向は根深いものがあり,ザビエルやヴァリニャーノの時代から,明治にお

ける近代化を経て現代にいたるまで連綿と続いている。「デザイン論証」は，そうした自然科学志向の強い日本人には受け入れやすいタイプの論証であったと言える。『日本のカテキズモ』を見ても，ヴァリニャーノがそうした日本人の特性と向き合い，これに「適応」していたことが窺われる。

(2) スコラ学的方法

また，ヴァリニャーノはスコラ学的方法を駆使している。多くの人はスコラ学について，演繹的な論証にもとづく硬質な体系知という印象をもつかもしれない。しかしスコラ学の精髄は，「論証」よりもむしろ概念分割にある。スコラ学の本来的な成立基盤は「討論」にあるからである。無論「討論」とは一つの論題をめぐって教授の面前で賛否両論が論を闘わせる営為である。しかし現代の「ディベート」のように両論の闘いの成り行きに任せるのではなく，討論が行われた次回の授業においてなされる「回答」において，両論の論拠を捌いて統一的な視点を示すことが教授の力量発揮の場であった。その際，教授は鍵となる概念を分割することにより，矛盾，見解の対立が生じた事態に対して統一的な視点を切り開くのが常であった。つまり，本来のスコラ学は硬質な体系知というよりはむしろ，矛盾・対立の中から共通の基盤を探し求めてゆく柔軟な知の営為であった。

ここで今回概観した『日本のカテキズモ』を振り返ってみよう。ヴァリニャーノはまず，共通な地盤を「根元」者の存在についての普遍的な理解に求めていた点を想起されたい。そして，(b) の「誤謬の原因解明」，特に「実」の教説とされたBの立場に対するそれに注目されたい。そこでヴァリニャーノはスコラ学の精髄である概念分割の方法を駆使して

いる。ヴァリニャーノによるスコラ的方法の駆使は、立場の対立にも関わらず、彼我の立場を統一的に位置づける地平を切り開き、あくまでも相手との共通の基盤を探ろうとする努力の表現だったと言える。

ただし、立場の対立を概念の多義性にもとづく混乱として解き明かすのが常であるスコラ学は、多義性を排除して概念の一義性を追求する営みとして理解することができる。それゆえ、スコラ学は最終的には概念の一義性が貫徹する言語に対する強い信頼を前提としている。後述するが、ヴァリニャーノはこの前提を共有できるか否かが問題となる場面に直面していた点に問題があったように思われる。

4 『日本のカテキズモ』における日本仏教批判の意図

次いで、『日本のカテキズモ』に見られるヴァリニャーノの日本仏教に対する批判が意図していたところについて概観してみたい。

(1) 「アニマ（霊魂）の不滅」

ヴァリニャーノと日本仏教との対話において何が問題であったのか、という点について簡潔に触れておきたい。その要訣を一言で言い表すとするならば、日本人に対して形而上学、特に霊魂に関する理論をいかに説得的に提示できるのか、という点に収斂するように思われる。井手も指摘しているように当時の——そしておそらくは現代も——日本人が上述のとおり自然科学には強い関心を示したのに対し、形而上学の理解については消極的だったからである。

『日本のカテキズモ』において特に注目に値するのは、ア

第 6 章 『日本のカテキズモ』

ニマ（霊魂）の不滅を示すことに意が注がれていた点である。ヴァリニャーノは，特に B Ⅲ に関連してアニマの非物体的な本性と不滅性についての論証に非常に多くの紙幅を割いている。霊魂の不滅に対する強調は，日本人と出会ったイエズス会士たちに一貫した姿勢の現れであった。それは西洋人と日本人との間にあって霊魂観の相違が特に甚だしかった，という事情によるものと考えられる。すでに，ザビエルも書簡のなかでこのことに言及して，日本人は霊魂 anima の働きについて自分たちとかけ離れた異なった考えを持っていること[17]を指摘している。その後も，仏教僧との論争に際して常に問題となるのが霊魂論，すなわち人間が理性的霊魂と身体とから成り，理性的霊魂は不滅にして非物質的存在である，というテーゼをめぐってのことであった。山口で討論したフェルナンデスはザビエルに宛てて，21箇条にわたる「人々が発した種々の質問」を報告し，その中で第一に霊魂問題を取り上げている[18]。信長の面前で日乗と論争したフロイスも，身体に内在するが物質に支配されることのない理性的霊魂が人間の生命と人格性の原理である，と主張している。霊魂論は，日本宣教の初期から一貫してイエズス会士たちにとっての最も重要な哲学的問題であった。こうした事情は，ゴメスによる上述のコレジヨ『講義要綱』の第 2 部は『霊魂論』であったことからも窺い知ることができる。

(2) 日本仏教の「天台本覚思想」的傾向と倫理規範の空洞化

ここで，読者諸氏に「煩悩即菩提」という一句を提示したい。この「煩悩即菩提」というフレーズは，『円覚経』という仏教経典に登場する[19]表現とされるが，『三十四箇事書』[20]

4 『日本のカテキズモ』における日本仏教批判の意図

や『真如観』[21]など,後述する「天台本覚思想」と呼ばれる思想を示す文書で取り上げられ,強調されている。

川村信三の近著[22]は,ヴァリニャーノをはじめイエズス会士たちによる仏教批判がこの天台本覚思想に代表されるような思想傾向に向けられている点を強調している。ヴァリニャーノはじめイエズス会士たちが霊魂の不滅を力説したのは,まさに当時の日本仏教における「天台本覚思想」的傾向を批判するためであった。

「本覚」とは「本来の覚性」すなわち衆生の誰もが本来的に具有する悟りを意味する。『大乗起信論』においてはこの「本覚」と,現実には煩悩により悟りから離れている衆生が修行の努力によって煩悩を克服して悟りを段階的に実現する「始覚」との相関が説かれているが,日本天台宗においてこれらのうちの「本覚」に力点を置き,自らを「本覚門」と称して「始覚門」に対置する形で成立したのが「天台本覚思想」である。川村は,天台教学の研究者島地大等が示したこの「始覚門」対「本覚門」という図式に依拠しつつ,当時の日本仏教全体の特徴を「本覚門的」であった,と解している[23]。

天台本覚思想は,それが正しく理解される限りにおいては仏教の専門家たちによって高く評価されている。たとえば,田村芳朗は「天台本覚思想は,煩悩と菩提,生死と涅槃,あるいは永遠(久遠)と現在(今日),本質(理)と現象(事)などの二元分別的な考えを余すところなく突破・超越し,絶対不二の境地をその窮みにまで追求していったもので,仏教哲理としてはクライマックスのもの」[24]であると評している。

しかしながら,天台本覚思想によれば「人間は誰もがすでに悟っている」以上,修行も戒律も必要がなく,凡夫は凡夫

第6章 『日本のカテキズモ』

のままでよい、ということになり、現実的には「煩悩即菩提」は煩悩のうちに居直る修行不要論、倫理不要論を帰結する危険があった。川村によれば、ヴァリニャーノら当時のイエズス会宣教師たちは、日本仏教の天台本覚思想的傾向のうちにそうした倫理規範の不在を見て取っていたと言うことになる。その上で、イエズス会士たちは、当時の日本仏教のそうした「本覚門的」傾向に対して、敢えて「始覚門的」な立場から倫理規範を強調しようとしていた、と指摘する。そうした倫理規範への要請の基盤として、現世だけでなく来世にもつながる賞罰の観念と、その賞罰を受ける倫理的主体として「アニマ（霊魂）の不滅」という教説が強調された、と言うわけである。

(3) 浄土真宗の「絶対他力」の思想とプロテスタンティズム

川村の「本覚門的」という図式は、特に「本願ぼこり」の危険を孕む限りでの浄土真宗に最もよく当てはまるように思われる。日本の読者には改めて説明するまでもないが、浄土真宗は鎌倉時代に親鸞によって創始された有力な宗派であり、その特徴は「絶対他力」という教説にある。「本願ぼこり」とは阿弥陀如来があらゆる衆生を救うとする「本願」に恃むがゆえに、道徳規範の無視に繋がる危険性を指す言葉である。事実、浄土真宗の教学は常にこの「本願ぼこり」の危険性に悩まされ、本願ぼこりにつながり兼ねない親鸞思想の側面、たとえば親鸞といえば現代人の誰もが連想する「悪人正機説」につながるものとして『歎異抄』を封印する、といったことまで為されたという。川村は浄土真宗を天台本覚思想の延長線上にあってその傾向をさらに押し進めたものと

して見ている[25]が、本願ぼこりにおける規範性無視への危険性という点ではその評価は妥当であろう。

ヴァリニャーノもその前任者であるカブラルもすでに、浄土真宗に特徴的な「絶対他力」の教説とルターをはじめとするプロテスタンティズムの思想が唱える「神の絶対的能力」の教説との間に類似性があることを意識していた[26]。親鸞もルターも、自身の体験にもとづいて人間の無力性の自覚という基礎の上に自らの宗教思想を構築している。それゆえに、彼らの教説には人間的な努力に対する不信という共通の構造があった。前述『日本のカテキズモ』における倫理的批判の④、すなわち「〔仏陀（ないしは経典）の〕名を唱えるだけで救われる」という思想に対する批判はここに向けられている。我々は、イエズス会士たちがいわゆる「対抗宗教改革」の主導者であったという事実を思い起こす必要がある。日本の地で、彼らはヨーロッパにおいて対峙していた論敵とパラレルな論敵に出会ったのである。ヨーロッパにおいても日本においても、イエズス会士たちは、人間の無力と救済における受動性とを強調する宗教思想と対決した。そのために、彼らは人間の道徳的、能動的な努力の意義を強調しようとした。このことは彼らはストア学派の思想に関心と好意とを寄せていた事実からも明らかである。

(4) 如来蔵思想のアニミズム的解釈

大乗版の『大般涅槃経』における「一切衆生悉有仏性」という一節は「如来蔵思想」の名で知られる考え方を典型的に示す言葉として有名である。日本では、この如来蔵思想はアニミズム的な展開を示し、「衆生」のうちに「非情」（草木や無機物）をも含めるという形で理解する思想を意味すること

となっていた。川村は、日本仏教の「本覚門的」性格はこうした如来蔵思想の日本的展開と密接な関連がある、と考える[27]。

一見すると、『日本のカテキズモ』でヴァリニャーノが紹介・批判した日本仏教の教説（AI）は、何らかの意味での来世とそこでの報賞を説いている点でヴァリニャーノ自身の教えと共通しているように見える。しかし、ここでヴァリニャーノが、日本仏教におけるBIIすなわち汎神論的な見解と、AⅢすなわち輪廻説を批判している点に留意する必要がある。これらの箇所でヴァリニャーノは、来世における賞罰を根拠とする「倫理的主体」としてのアニマが動植物や無機物とは根本的に異なる「知性的本性」を有することを強調している。他方、仏教の伝統（あるいはその起源という点ではヒンドゥーの伝統）における輪廻の教説においては、輪廻転生の主体は知性的な霊魂や自己ではなく、業（Karma）に過ぎない。我々は、こうした批判は実質的には日本仏教における天台本覚思想への傾向の基礎となっている限りでの如来蔵思想に対するアニミズム的解釈に向けられていたものと理解することができる。

5 『日本のカテキズモ』における日本仏教批判の検討

（1） ヴァリニャーノと日本仏教との敵対的な出逢いと対話の不成立

「はじめに」で述べたとおり、カトリック教会が東西霊性交流に積極的に取り組んでいる今日の視点から見ると、『日本のカテキズモ』には「限界」が指摘される。それは仏教に対する敵対的な態度、そして仏教側との議論の「すれ違い」

という点である。この点については以下のような井手の感想がある。

> さて，キリシタン史におけるキリスト教と仏教の接触は，日本思想史のみならず，東西思想交流史上特筆すべき事件であるが，宣教師たちは，仏教教義を即物的に虚無的なものと解し，仏教独自の絶対無あるいは否定の論理を了解し得なかった。前述したハビアンの護教論書『妙貞問答』上巻（仏法篇，慶長10年）も，ヨーロッパ人宣教師の仏教解釈を，臨済宗大徳寺出身と思われる，仏教諸派に最も精通した彼自身の言葉で詳述したものである。一方，仏僧もキリスト教のデウス概念を擬人的概念であるとみなしたので，有効な相互理解は行われなかった。教義の相違対立を超えて，宗教生活の基盤ともいうべき霊性，宗教体験，および神秘主義は（16世紀のスペインでは熱狂的な神秘主義的宗教活動が展開されていたが），他宗教との相互理解，交流を推進している現代のキリスト教神学とは異なり，当時はまだ対話の接点や中心テーマにはなり得なかったのである。[28]

ヴァリニャーノの『日本のカテキズモ』では，それまでの教育によって彼が身につけたスコラ学的な議論が駆使されているのであるが，井手は日本人によるスコラ哲学との対決の機会が放棄されたこと[29]を残念がっている。

(2) 理性の言語と宗教の言語

日本仏教全体の特徴を「本覚門的」であるとする川村の図式には疑問の余地があり，我々は日本仏教の多様性を念頭に

第6章　『日本のカテキズモ』

置かなければならない。たとえば禅宗，特に臨済禅は修行を重視する限りにおいて当然「始覚門的」であり，事実栄西は「戒律」の復興を強く主張したことで知られている[30]。『日本のカテキズモ』に対する上述の井手による評価は，日本仏教を主として禅宗を中心に理解したものと考えられ，それゆえ禅宗に関する限りでは概ね妥当するように思われる。近代初頭の日本における知的世界を代表する西田幾多郎や鈴木大拙らも主として臨済禅の影響下での参禅体験を基盤としている。しかしながら，そうした彼らも「二元分別的な考えを突破・超越し，絶対不二の境地を追求する」仏教哲理という枠組みは天台本覚思想と共有していた。鈴木による「無分別の分別」という標語自体がそうであるように，一般に禅者にも逆説的な表現——しばしば目にするのは矛盾する概念を「即」の字で繋いだ表現——を好む傾向がある。

　こうした表現を前にして，読者諸氏はどのような思いを抱かれるであろうか。「ナンセンス」として拒絶するという反応が一つの極端であるとすれば，「深遠な哲理」として事大主義的に有り難がるという反応ももう一つの極端であろう。おそらく，ヨーロッパ人であるヴァリニャーノは前者の方向に傾いた反応を示したと言ってよく，ここに彼の限界性があったと考えることができよう。しかしながら，こうした矛盾的な表現は一定の宗教的体験の深みを前提とするものであり，その限りにおいて矛盾とはならない可能性がある，と見るのが中庸の立場であるように思われる。

　ここで我々は，「理性の言語」，すなわち論証もしくは論駁という形でのいわば「武装された言語」と，「宗教の言語」すなわち「霊性」の世界における言語（もしくは「非言語」）との間の落差について注意しなければなるまい。

5 『日本のカテキズモ』における日本仏教批判の検討

 3節 (3) で指摘したように,『日本のカテキズモ』においては，ヴァリニャーノは自らが学んだスコラ学的方法を駆使している。そこで指摘したように，本来のスコラ学は一般に誤解されているような硬質な体系知というよりはむしろ，矛盾・対立の中から共通の基盤を探し求めてゆく柔軟な知の営為であり，見解が対立する相手に対しても彼我の立場を統一的に位置づける地平を切り開き，あくまでも相手との共通の基盤を探ろうとする努力の表現であった。しかし，スコラ学は典型的な「理性の言語」であり，その根本的な前提として理性的推論とこれを支える「概念の一義性」に対する信頼を基盤としている。先述のとおり，スコラ学的方法の精髄は概念を分割してゆくことにあるが，この営みは飽くことなき「概念の一義性」の追求であると言える。そうしたスコラ学の土台となっているのは，大学における討論という公共的な言語空間である。

 これに対して，宗教の言語が展開される本来的な場面は，宗教的体験の内面的世界である。そこでは，言語の役割はきわめて限定的であり，しばしば逆説的なレトリックが用いられる。それは上述の天台本覚思想や禅仏教に依拠した思想家たちにおいて言えることである。こうしたタイプの言語は，何らかの宗教的体験の支えのもとにおいてのみ正当に理解することができる。近代の禅者鈴木大拙から見れば，概念を分割してその一義的な意味を徹底的に追求するスコラ学に代表されるような哲学的理論は「分別知」の最たるものと映ずるであろう。事情は16・17世紀の禅僧においても似たようなものであったのではないかと想像される。

 本来，宗教の言語と理性の言語とは互いに架橋され，両立すべきものである筈である。

もしも，宗教の言語が経験の深みから切り離されてしまったならば，その帰結は天台本覚思想の通俗的理解において見られたような誤解，ナンセンス，そして堕落である。我々は，宗教的な言語がそのように理解されてしまった場合における同様の危険の実例を，西洋の思想史においても見出すことができる。マイスター・エックハルトは，ドイツ語で書かれた説教において彼が用いた逆説的な表現のゆえに異端を宣告された。しかし，彼は同時にラテン語でスコラ学者としての著作も書き記している。最近のエックハルト研究，特にラテン語で書かれた彼のスコラ学的な著作の研究は，エックハルトについての正しい理解と，キリスト教における彼の正統性とを明らかにしつつある。

(3) 不干斎ハビアンの事例

他方，霊性と宗教体験から切り離された形での「理性の言語」の限界を体現した人物として，先に井手も言及していた不干斎ハビアン（1565-1621）を挙げることができよう。ハビアンは臨済宗の若い僧侶であったがイエズス会に入会して修道士となり，キリシタン側からの護教書である『妙貞問答』[31]を著した。仏教僧出身の彼は，自らの知識を駆使して仏教，そして儒教の教えの矛盾を鋭利に突いた批判を展開した。しかし，その後彼はヨーロッパ人司祭への不信感，おそらくは俊才を自負した自らが司祭候補とされなかった不満から棄教し，一転してキリスト教を批判する側に廻り，キリスト教批判書『破提宇子』を著すに至る。ハビアンは，おそらくは頭の回転が速く，ディベートに強いタイプの秀才だったであろう。一見して印象的なのは，『妙貞問答』と『破提宇子』とは正反対の立場にありながら，ともに「矛盾を突く」

5 『日本のカテキズモ』における日本仏教批判の検討

という論法に変わりがない点である。

ハビアンのキリスト教理解について、諸家が一致して指摘するところでは、彼にはキリストとの実存的な出逢いとしての真実の霊性が欠落していた、とされている。特に神学的には三位一体、キリストの十字架の意味、恩恵についての理解が欠如していた、と海老沢有道は指摘している[32]。さらには、イザヤ・ベンダサンによる『日本教徒』によれば、ハビアンが準拠したのは「ナツウラの教え」であり、これは彼がイエズス会の修道士であった時期から変わらなかった、という[33]。

「ナツウラの教え」（ハビアン自身が理解した限りでの自然神学および自然法）を究極の基準としていた、ということから、ハビアンはキリスト教を受容していた時期においても、キリスト教を一個の哲学的思想としての「教え」としてのみ理解し、これを受け入れていた、と想像することができる。それ故に、「転向」の後はキリスト教もまた容易に批判の対象となり得たのである。

このことはヴァリニャーノが日本に神学的知識を選択的に導入したことも絡んでいるように思われる。彼はプロテスタントをはじめとする「異端謬説との論争」に関わる内容は敢えて日本に持ち込まず、「無菌状態」のままで保とうとしていた。ここで筆者自身のやや大胆な推測を述べるとするならば、ハビアンには「三位一体、キリストの十字架の意味、恩恵についての理解が欠如していた」という事態は、当時のカトリック教会がプロテスタントとの対決の結果、その教えには恩恵の強調よりは自然の強調に傾いていたというトリエント的偏向の結果とも言えないだろうか。溝部司教は、ハビアンは「自然教徒」であったとし、「自然教というのは啓示を

必要としません」[34]と述べている。

このように、キリスト教を理性的な教えとしてのみ受容したハビアンは、仏教をひたすら哲学的に論破する対象としてのみ見ようとしたヴァリニャーノ的適応主義の限界が生み出した存在であったように思われる。

(4) なぜ対話が成立しなかったのか

井手が期待する真の意味でのインカルチュレーションに通ずる対話をなしえなかった理由は、カトリック側、日本人――日本仏教――の側、の双方に見出されるように思われる。

カトリック側の問題点としては、仏教に対してひたすら「論駁」の相手としてしか向き合わなかった点が指摘できよう。換言すれば、ヴァリニャーノを含め当時のイエズス会士たちは、仏教に対して「教理」と「教理」とのぶつかり合いとしてのみ対決し、霊性面での出逢いを求めようとしなかった。ハビアンの事例が暗示するところでは、当時の日本の知識人によるキリスト教受容は大半が「教理」（分別知）のレベルに留まっていた可能性がある。これは、プロテスタントとの対決によって「教理」による理論武装に傾いたトリエント的偏向の結果であるのかもしれない。

現代のカトリック教会は、禅者の宗教体験の深みに対して尊敬をもち、「東西霊性」の相互交流に積極的に取り組んでいる。井手は、ヴァリニャーノと同時代である16世紀のスペインでは熱狂的な神秘主義的宗教活動が展開されていた[35]点を指摘している。だとすれば、なぜヴァリニャーノは日本仏教における霊性、その神秘主義的側面に関心をもたなかったのであろうか。

6 結　語

　この問いに対する最終的な回答は，より包括的な研究にもとづかなければならないが，差し当たり「ヴァリニャーノによる日本人へのアプローチは完全に理性的だったから」と見てよかろう。ヴァリニャーノの意図は日本人の理性的性格に訴えることにあった。この戦略は彼の適応主義の表現である。

　しかし，ここで我々は日本人側の問題点にゆきあたる。井手は，日本人側の問題点として，自然科学は志向するものの形而上学に対しては無理解な[36]，現代にまで通じる日本人の精神性を指摘する。特に，哲学的議論を好まない禅僧の態度については，すでにフロイスが『日本史』の中で「彼らの発する難問と疑問は無数であった。特に禅宗の徒は，あらゆる問題，一切の哲学的議論，あるいは思弁的理屈を好まず，手にて捉え得る具体的見証を要求する」と指摘しているという[37]。つまり，日本人にとっては理性ないしは合理性は自然科学の領域にとどまっており，形而上学の領域にまでは及ばなかった，というわけである。

　西洋思想史においても，理性の言語と宗教の言語との緊張関係は常に存在していた。たとえば，J・ルクレールは12世紀における「修道院神学」対「スコラ神学」という対立図式を示している。これら二つのレベルの言語の総合ないしは架橋は哲学史全体を貫く最大の課題であり続けてきたのである。

6　結　語

　最後に本章が明らかにしたところを，簡単に振り返ってみたい。

第6章 『日本のカテキズモ』

　ヴァリニャーノは『日本のカテキズモ』を実質的には当時の日本仏教に対する批判の書として著した。その際彼は，「道理」に訴える典型的な「理性の言語」に訴えていたということができる。彼は，当時の日本仏教に対する詳細な「宗教学的」研究を土台としていた。また，彼は自らが学んだスコラ学的方法を駆使している。また，神の存在に関しては「デザイン論証」を多用しているが，このことは現代にいたるまで日本人を支配してきた自然科学および文明・進歩への志向に対する適応であったと言えよう。

　ヴァリニャーノが『日本のカテキズモ』において当時の日本仏教を批判しようとした動機としては，倫理的主体としての霊魂の不滅を強調することで当時の日本仏教の中に見られた「天台本覚思想」的傾向が示す倫理規範の不在を批判すること，特に浄土真宗の教説に見られるプロテスタンティズムと共通した人間の無力性を強調する思想と対決すること，動植物とは区別された霊魂の知性的本性の強調によって，如来蔵思想の日本的解釈に見られるようなアニミズム的傾向を批判することを意味していたことを確認した。

　しかし，ヴァリニャーノと当時の日本仏教とはいわば「すれ違い」のような形で真の対話が成立しなかった。このことはヴァリニャーノが基本的に依拠していた「理性の言語」と，宗教的体験にもとづく「宗教の言語」とのすれ違いによるものであったと言える。結局，問題は理性の言語と宗教の言語との緊張関係の総合ないしは架橋という，ある意味で哲学最大の課題に行き着くのである。

終　章

　本書は，イエズス会東インド巡察師アレッサンドロ・ヴァリニャーノ（Alexandro Valignano S.J. 1539-1606）の活動を中心に，いわゆる「キリシタン時代」におけるイエズス会の日本への宣教活動について，教育事業を中心に紹介することを意図している。本書を閉じるにあたって，本書の各章で明らかになった成果を取りまとめておくこととしたい。

　第１章では「霊操の性格とその成立」と題して，イエズス会霊性の基本をなしている『霊操』というテキストおよび霊的実践としての「霊操」の概要と性格とを明らかにすることを試みた。次いで，テキストとしての『霊操』の構造と，霊操者とその指導者とが用いるための手引き書である，というその本質を明らかにするとともに，イグナティウス・デ・ロヨラの生涯と『霊操』の成立過程を概観した。

　特にイエズス会と『霊操』との霊性には，それが「個人としての自律的霊性」である限りにおいて，東方修道制以来の隠修士の霊性と共通するものがあったことに注意を喚起した。まず，回心直後のイグナティウスの生の軌跡が実際に隠修士的な特徴を示していたことを確認し，そもそも「霊操」とはイグナティウス自身がそうした隠修士的な生活を送る中

終　章

で，善悪の霊との出逢いを体験することにより，隠修士たちにおける師父に相応する視点を獲得したことによって成立したものであることを示唆した。イエズス会士たちは霊操によって生涯の一時期集中的に隠修士的な体験をすることにより，霊的個人主義を特徴とする隠修士の自律的霊性を身につけることになったものと理解することができる。さらに，中世末期のヨーロッパ諸国に出現したキリスト教霊性の刷新運動である「新しい敬虔」，そしてベネディクトゥス型の共住生活の枠内で孤独な隠修士の生活様式を可能な限り取り入れたカルトゥジア会の伝統が，隠修士の霊性をイグナティウスに伝えるルートとなっていたことを明らかにした。こうした隠修士的な精神がイエズス会の「社会進出的修道パラダイム」を支える「個人としての自律的霊性」を帰結したことが明らかになった。

　隠修士への志向は常に異端的傾向への危険を伴う側面を有しており，イグナティウスも再三にわたり異端の嫌疑を受けた。しかし，その都度教会当局からは，自らの人生物語をイエスのそれと重ね合わせる黙想を通してキリストへの，そして教会への忠誠を培う霊操が本質的に有するキリスト中心主義的な性格の正統性が確認され，また，イグナティウスの教会への従順と忠誠も確証されていった。こうして「教会への従順と普遍性への志向」という霊操の特徴が形作られてきたことが明らかになった。

　さらに，無学な隠修士（巡礼者）であることが，霊操の指導によって人々に霊的に奉仕する，という自らの使命にとって妨げとなった経験から，イグナティウスは学問を究め，やがて司祭に叙階されることとなった。その結果，イエズス会は高学歴の聖職者集団となり，そのことがやがてイエズス会

終　章

を教育活動という使命へと展開させることになる。

　以上,『霊操』の隠修士的性格が,「個人としての自律的霊性」,「教会への従順と普遍性への志向」,「教育活動への展開」という近代修道霊性史全体を展望する際におけるイエズス会の特徴をもたらしたことが明らかになったように思われる。

　第2章は「『イエズス会学事規程』におけるイエズス会学校」と題している。イエズス会が現代に至るまで学校教育の領域で大きな影響力を示してきた修道会となる契機となったのは,当時最高の高学歴者集団であったことから副次的に派生した事態であった。本章では,まずイエズス会が学校教育へと参入していった経緯,同時に『イエズス会学事規程』の編纂過程を概観した。その上で,1599年版『イエズス会学事規程』に即する形で,当時のイエズス会学校の具体像,すなわちカリキュラムの概要を再現し,そこに見られる特色を明らかにした。

　中等教育に相当する「下級コレギウム」の教育課程はラテン語とギリシア語とについての徹底的な言語能力の訓練であり,まさに人文主義の姿勢に貫かれている。これに対して,高等教育機関である「上級コレギウム」においては,主としてアリストテレスに準拠した哲学と,聖書研究と結合された形で,主としてトマス・アクィナスに準拠したスコラ神学とが主体となっている。以上の特徴を一言で言うならば,『イエズス会学事規程』の教育理念は,キリスト教的人文主義を土台とし,これをスコラ学と総合することにあった,と見ることが出来よう。言語訓練に徹底している分,生徒たちは当時の世界共通語であるラテン語に関しては現代の生徒におけ

終　章

る国語，ギリシア語に関しても現代日本の生徒における英語程度以上の言語能力を身につけていたと想像される[1]。知性は言語を通して働くので，このことの意義は大きい。暗黙裡に自然科学に優位を認める知的雰囲気は現代にまで及ぶが，人文主義の教育理念は今日でもなお，自然科学と「実学」を強調する立場に対する一つの対案的なモデルとしての意義を示し続けている。

　イエズス会東インド巡察師アレッサンドロ・ヴァリニャーノは，16・17世紀の初期日本教会の指導者として，フランシスコ・ザビエルに次ぐ重要人物として知られる。第3章と第4章とでは，ヴァリニャーノがその布教方針を確立するにいたるまでのプロセスを振り返り，彼が直面した状況とその困難とに対していかに対峙しようとしていたのかを明らかにすることを目指した。

　まず第3章において，ヴァリニャーノの「外的旅路」，すなわち彼の生涯と業績とを概観した。特に，彼は日本における布教に際して現代カトリック教会の指針の一つである「インカルチュレーション」を4世紀も先取りするいわゆる「適応主義 accommodatio」の方針を示した先駆的存在として高く評価されている。本章では，ヴァリニャーノの軌跡を，いわゆる適応主義の方針に重点を置く形で概観してきた。

　まず，ヴァリニャーノが東インド巡察師に任命された人事自体がポルトガルの「国家主義」への対抗という意味があった。ヴァリニャーノ自身イタリア人であり，ネーデルラント出身の総会長から抜擢され，自身の協力者としてイタリア人やスペイン人を起用した。このことの狙いは，多国籍の宣教師団をインドにともなうことによって，まず宣教師の間に国

終　章

家・民族を超えたキリスト教の精神を確立し，これを基礎として布教地における現地住民との間に融和をはかることにあった。もう一つの狙いは，ポルトガル管区のイエズス会が過度の厳格主義に走る傾向があったため，インド管区に対するその影響力を牽制しようとする点にあった。こうした方針は，今日的に言えば「国際組織」としてのイエズス会の性格を如実に示すものであった。また，現地の言語を学ぶことを重視し，特に中国での宣教にあたってはマテオ・リッチを起用して適応主義的な宣教戦略を実施している。なお，第6章で後述するが，中国での適応主義の方が儒教を積極的に摂取した点で，仏教に対して対決姿勢を示した日本におけるそれよりもより貫徹したものであった。

　ヴァリニャーノの外的な軌跡，特にその適応主義については比較的よく知られているが，それを支えていた彼の内面的な闘いの存在は余り知られていないように思われる。ヨーロッパにいた時のヴァリニャーノは，基本的に総会長の指示のもとに動いており，彼にとって総会長は心強い支えであった。しかし，ヴァリニャーノが来日した当初，直接に上長（総会長）の指示を仰ぐことのできない彼は孤独そのものであった。

　ヴァリニャーノは，最初に来日した当初に直面した困難によって，内的・外的両面において「危機」に直面した。その一つの要因として，ポルトガルの国家主義と西欧人としてのエスノセントリズムを体現していたカブラルとの方針対立が挙げられる。また，ヨーロッパとは異質な日本文化との出会いによるカルチュラル・ショック，さらには日本に関する美化された情報によるイメージと現実との落差による幻滅感も

終　章

あった。そうした中で決断を迫られたヴァリニャーノはまさに「危機」と表現されるべき状況に置かれていた。

　結局，ヴァリニャーノは危機を乗り越えて，適応主義の方針を樹立し，これにもとづいて日本布教事業を推進したのであるが，そうした危機を乗り越えるためには，まさに個人としての高度に「自律的霊性」が要求される。本章において，ヴァリニャーノがそうした危機をいかにして乗り越えていったのか，その際，霊操がいかに機能しており，第1章で紹介した霊操の特色がいかに反映していたのかが明らかになったと思われる。ヴァリニャーノの事跡は第一章で指摘した霊操とイエズス会の特徴である「自律的霊性」の具体例を示すものと言える。

　第5章では，いわゆる「キリシタン時代」における日本のイエズス会学校教育の歴史を概観し，当時，草創期にあったイエズス会の教育理念が，日本という地において遂げた展開の相を解明した。まず，日本におけるイエズス会による学校建設までの経緯を概観した。当時の日本におけるイエズス会学校教育の全体計画はヴァリニャーノが構想し，コレジヨの教育内容はゴメスが骨格を作ったと見てよい。それゆえ，ヴァリニャーノの教育構想を紹介し，次いで，実際に日本に建設されたセミナリヨ，ノヴィシアード（修練院），コレジヨ，教区神学校について，それぞれ沿革，教育内容を紹介した。

　ヴァリニャーノの主導による「キリシタン時代」の日本での学校建設事業は，ヨーロッパにおける『イエズス会学事規程』の編纂作業と時間的には同時的に進行していた。それゆえ，本章では特に，ヴァリニャーノやゴメスがヨーロッパに

終　章

おけるイエズス会学校の伝統が積み重ねてきた教育理念をどこまで受け継いでおり，またいかなる点で日本社会への「適応」の努力が窺われるのかに注目することを心がけた。そのために，特にゴメスによる『イエズス会日本コレジヨの講義要綱』の各巻，すなわち『天球論』『霊魂論』『真実の教（神学）』が当時有していた学術的意義を概観した。我々は，彼らが「ヨーロッパの進んだ学問知識を遅れていた日本に伝えた」と見る先入観を捨て去ってみる必要があろう。彼らは日本社会——おそらく中国社会も同様であったであろうが——は固有の伝統を有する高い文化水準を備えた世界であり，日本人を自分たちと対等以上の知的可能性を有する民族であることを認めていた。それゆえ，彼らが日本において計画し，実行に移した教育実践は，ヨーロッパにおいて彼ら自身が学び，また築き上げてきた教育伝統の意義を，彼ら自身にとっても新たな文化との対話の中で問うてゆく実験と挑戦の場であったように思われる。

　当時のイエズス会学校が伝統的に築き上げてきた教育理念とは，一言で言えばキリスト教的人文主義教育に他ならなかった。ヴァリニャーノは，基本的には人文主義的な精神にもとづく形でのヨーロッパ的学校教育を日本に導入しようとしていた。ただし，第2章で先述したとおり，ヨーロッパにおける人文主義教育がラテン語，ギリシア語による言語の訓練と古典教育とが中心であったのに対して，ヴァリニャーノは，日本語教育および日本の古典についての教育をもってギリシア語およびギリシア古典に代えた。この時期，ヨーロッパにおいても未だ「国語教育」なるものは発展していなかった事情を考慮するならば，彼らがいかに日本文化との真剣な「対話」を志向していたかが窺われる。

終 章

　また，ゴメスが主導して築き上げていったコレジヨの教育課程においては，日本人の合理性を受け入れる精神に応える形で日本に初めて西洋における最先端の自然科学的知識を伝えるとともに，トリエント公会議の精神にもとづく当時のカトリック教会としては最新の神学的枠組みを日本に伝えようとしていた。特に注目すべき点は，哲学課程の教育において，アリストテレスの『霊魂論』を題材としたことには，特に霊魂の概念をめぐる当時の日本人の宗教観に対して真剣な対話を試みようとしていたことが窺われる。

　第6章では，ヴァリニャーノの『日本のカテキズモ』という著作について検討している。ヴァリニャーノは『日本のカテキズモ』を実質的には当時の日本仏教に対する批判の書として著している。このことは，儒教文化の積極的な摂取に特徴づけられている中国における布教方針とは対照的であり，一般に彼の適応主義における「限界」を示すものとして理解されている。本章では，その際のヴァリニャーノの意図を明らかにするとともに，今日的な視点から見てのその限界について改めて考察した。

　彼は仏教批判を展開する際には「道理」に訴える典型的な「理性の言語」に訴えていたと言うことができる。彼は当時の日本仏教に対する詳細な「宗教学的」研究を土台としていた。また，彼は自らが学んだスコラ学的方法を駆使している。さらには，神の存在に関しては「デザイン論証」と呼ばれるタイプの議論を多用しているが，このことは現代にいたるまで日本人を支配してきた自然科学および文明・進歩への志向に対する適応であったと言えよう。

　ヴァリニャーノが『日本のカテキズモ』において当時の日

終　章

本仏教を批判しようとした動機としては，倫理的主体としての霊魂の不滅を強調することで当時の日本仏教の中に見られた「天台本覚思想」的傾向が示す倫理規範の不在を批判すること，特に浄土真宗の教説に見られるプロテスタンティズムと共通した人間の無力性を強調する思想と対決すること，動植物とは区別された霊魂の知性的本性の強調によって，如来蔵思想の日本的解釈に見られるようなアニミズム的傾向を批判することを意味していたことを確認した。

　しかし，ヴァリニャーノと当時の日本仏教とはいわば「すれ違い」のような形で真の対話が成立しなかった。このことはヴァリニャーノが基本的に依拠していた「理性の言語」と，宗教的体験にもとづく「宗教の言語」とのすれ違いによるものであったと言える。結局，問題は理性の言語と宗教の言語との緊張関係の総合ないしは架橋という，ある意味で哲学最大の課題に行き着くのである。

注

序　章
1) 本書では『霊操』という表記をもって書物としての『霊操』を，「霊操」もしくは地のままの霊操という表記をもって実践内容としての「霊操」をさすものとする。『霊操』の邦訳については，ホセ・ミゲル・バラ訳，新世社，1986年を標準的なものとして扱う。

第一章　霊操の性格とその成立
1) 門脇佳吉『日本百科全書』小学館，見出し項目「イエズス会」。
2) 『イエズス会学事規程』にもとづく教育活動の具体像については本書第2章参照。
3) Herve Coathalem, *Commentaire du livre des Exercices*（H・コアタレム著，ホセ・ミゲル・バラ訳『聖イグナチオ・デ・ロヨラの『霊操』の解説』新世社，1996年，49-53頁）
4) 池長潤『霊操』（ホセ・ミゲル・バラ訳）新世社，1986年，序文，15頁。
5) 文意の明瞭さのため，この箇所については，1956年初版，1975年第五版の霊操刊行会訳の訳文による。
6) 本格的な霊操はイエズス会の修練士に施される四週間の大黙想において展開されるので，霊操の各段階における内容はこれに対応して「第X週」（さらに細かくは「第Y日」）という形で示されている。
7) Joseph De Gilbert, *La spiritualité de Saint Ignace* p.5（J・ギベール著，倉田清訳『聖イグナチオの霊性』中央出版社，1963年，11頁）
8) 『自叙伝』99 参照。
9) 『自叙伝』7。
10) 川中仁「神とイグナチオ・デ・ロヨラとの間のコミュニケーション・プロセスとしての霊操成立」（上智大学神学会編『カトリック研究』第77号，36頁）
11) 『自叙伝』8。
12) *ibid.*
13) イグナティウス・デ・ロヨラ『自叙伝』30 参照。

『自叙伝』はイグナティウス自身の筆になるのではなく，秘書であったルイス・ゴンザレス・ダ・カマラによる聞き書きである。『自叙伝』については以下の邦訳がある。A・エバンヘリスタ，佐々木孝訳『ロヨラの巡礼者——聖イグナチオ自叙伝』1980年，中央出版社。

14) コアタレム前掲書，40頁。

15) 「この啓示はイグナティウスの霊的生活を新たな局面に移すと同時に，それを行動の方向に導いたように思われる。というのも，彼の最初の同志の1人，ヘロニモ・ナダル (1507-80年) の証言によれば，彼は以後人々の魂の指導に専心し始めたからである。ナダルが言い添えるところによれば，イグナティウスはその後生涯を通じ，自らの内的変化が完成した重要な出来事として常にこの啓示に準拠していた。同じ資料は，彼がイエズス会創設を最初に思いついたのもこの時であるとみなす」。Louis Cognet, *Histoire de la spiritualité chrétienne* vol.3（L・コニェ著『キリスト教神秘思想史 三』上智大学中世思想研究所訳・監修，第1章，11頁）

16) 『自叙伝』99によれば「『霊操』は一時に書いたものではなく，霊魂の中を観察し，自分の役に立ったことで，しかも同時に，他人にも役に立つと思われるものを，そのたびに書きつけていったもの」であるとされ，イグナティウスは『霊操』の編集作業をその後も長きにわたって継続している。その経緯，すなわち『霊操』成立の「人的次元における」展開については川中による詳細な研究に譲る。しかし，『霊操』の骨子の成立，すなわちその「神的次元における」啓示に関しては，上で簡単に触れたロヨラ期およびマンレサ期における「根本体験」が本質的であった，とする大方の見方はゆるがないものと思われる。

17) コニェ前掲書，15頁。

18) Louis Bouyer, *Histoire de la spiritualité chrétienne*, t.1（L・ブイエ著『キリスト教神秘思想史 一』上智大学中世思想研究所訳・監修，第7章，230頁）

19) Athanasius, *Vita Antonii* prologus 3（アタナシオス『アントニオス伝』，小高毅訳『中世思想原典集成』第1巻「初期ギリシア教父」所収，786頁）

20) 『自叙伝』8。

21) ブイエ前掲書，230頁。

22) 具体的には新たにイエズス会に入会した直後の修練期。

23) 上智学院新カトリック大事典編纂委員会編『新カトリック大事典』研究社，1996-2010年，見出し「デヴォティオ・モデルナ」。
24) Engen, J.V., *Sisters and brothers of the common life : the Devotio Moderna and the world of the later Middle Ages*. University of Pennsylvania Press, 2008, p.318.
25) 1578年，モンテーギュ学寮の校長ジャン・ブレーズは，時の教皇グレゴリウス13世に対して，イエズス会の会憲は自分たちの修道会の規則からの借用である，とまで主張している。cf.I. Rodriguez-Grahit, Ignace de Loyola et le collège de Montaigu (*Bibliotheque d'Humanisme et Renaissance*, 1959), p.394.
26) 鈴木宣明「ルドルフ・フォン・ザクセンの『キリストの生涯』——そのキリスト中心的人間形成」(上智大学中世思想研究所編『中世の人間像』創文社，1986年) 223-24頁。
27) Cf. *Lettre sur la vie contemplative*, ed. E. Colledge and J. Walsh, Sources chretiennes 163 (Paris, 1970), pp 82-123. 英訳として cf.*The Way*, 5 (October 1965), pp 333-42.
28) G.O'Donnell, Contemplation, *The Way*, Supplement 27 (Spring 1976), pp.27-34.
29) W. Peters, *The Spiritual Exercises of St. Ignatius. Exposition and Interpretation* (PASE, New Jersey, 1968), p.38.
30) 『霊操』330。
31) 杉崎泰一郎「『シャルトルーズ修道院慣習律』解説」(上智大学中世思想研究所編『中世思想原典集成10　修道院神学』平凡社，1997所収，223頁)
32) Basilius Caesariensis, *Regulae brevius tractatae*　74, PG 30,411C.
33) 拙著『東西修道霊性の歴史——愛に捉えられた人々』知泉書館，2008年，第五章は，11・12世紀の隠修士運動の意味を主題的に扱っている。
34) たとえば，『自叙伝』58, 60, 65, 81。
35) たとえば，『自叙伝』68, 86。
36) コアタレム前掲書，44-45頁。
37) 『自叙伝』70。
38) 初期イエズス会コレギウムの発展史については以下を参照。
高祖敏明「草創期のイエズス会学校——コレギウムの誕生・発展史を中心に」(上智大学教育学科『教育学論集』第14号所収，1980年)

注

　　高祖敏明「原初期イエズス会学校の教育——メッシナのコレギウムを事例として(1), (2)」(上智大学教育学科『教育学論集』第15, 16号, 1981, 1982年)

第二章　『イエズス会学事規程』におけるイエズス会学校
1) 初期イエズス会コレギウムの発展史については以下を参照。

　　高祖敏明「草創期のイエズス会学校——コレギウムの誕生・発展史を中心に」(上智大学教育学科『教育学論集』第14号所収, 1980年)

　　高祖敏明「原初期イエズス会学校の教育——メッシナのコレギウムを事例として(1), (2)」(上智大学教育学科『教育学論集』第15, 16号, 1981, 1982年)
2) 1599年版『イエズス会学事規程』については坂本雅彦氏による以下の邦訳がある。本稿においては坂本訳を基本としているが, 訳語の点でかなりの部分坂本訳に変更を加えている。

　　坂本雅彦訳『イエズス会学事規程』1599年版(上)(下)（長崎純心大学　比較文化研究所編『「比較文化」研究シリーズ』No.5,6, 2005,2008年）

　　『イエズス会学事規程』は基本的にイエズス会の学校を構成する様々な立場の人向けの規則を集成した形になっている。以下『イエズス会学事規程』のテキストに言及する際は, 個別の規則名とその第何条にあたるかを引証する。
3) 『管区長に関する規則』第21条§1,『下級コレギウムの教師のための共通規則』第12条。
4) 『下級学習監督に関する規則』第8条§3。
5) 『管区長に関する規則』第18条。
6) 前掲第23条。
7) 『下級コレギウムの教師のための共通規則』第12条,『下級学習監督に関する規則』第8条§2。
8) 『初級文法学年の教師に関する規則』第1条。
9) 『下級コレギウムの教師のための共通規則』第13条。
10) 前掲第13条。
11) 『中級文法学年の教師に関する規則』第1条。
12) 『上級文法学年の教師に関する規則』第1条。
13) 『人文学教師に関する規則』第1条。
14) 『修辞学教師に関する規則』第1条。

注

15) 『下級コレギウムの教師のための共通規則』第14条，第31条。
16) 前掲第20条。
17) 前掲第21・22条。
18) 前掲第24条。
19) 前掲第27条。
20) *ibid.*
21) 『下級コレギウムの教師のための共通規則』第19条。
22) 前掲第25条。
23) 前掲第26条。
24) 前掲第31条。
25) 前掲第34条。
26) 前掲第33条。
27) 前掲第45条。
28) 『修辞学教師に関する規則』第19条。
29) 『下級コレギウムの教師のための共通規則』第10条。
30) 前掲第6条。
31) 前掲第2条。
32) 前掲第3条。
33) 前掲第9条。
34) 前掲第4条。
35) 前掲第5条。
36) 前掲第7条。
37) 前掲第8条。
38) 前掲第18条。
39) 前掲第35条。
40) 前掲第36条，『下級学習監督に関する規則』第13条。
41) 『管区長に関する規則』第17条。
42) 前掲第9条。
43) 前掲第19条。
44) 前掲第25条。
45) 前掲第17条。
46) 『哲学教師に関する規則』第7条。
47) 前掲第2条。
48) 前掲第12条。
49) 前掲第3条。
50) 前掲第4条。

51) 前掲第 5 条。
52) 前掲第 6 条。
53) 前掲第 9 条 §1.
54) 前掲第 9 条 §2.
55) 前掲第 9 条 §3.
56) 前掲第 9 条 §4.
57) 前掲第 9 条 §6.
58) 前掲第 9 条 §5.
59) 前掲第 10 条 §1.
60) 前掲第 10 条 §2.
61) 前掲第 10 条 §3.
62) 『数学教師に関する規則』第 1 条。
63) 前掲第 2 条。
64) 『哲学教師に関する規則』第 11 条 §1.
65) 前掲第 11 条 §2.
66) 『道徳哲学教師に関する規則』第 2 条。
67) 前掲第 1 条。
68) 『哲学教師に関する規則』第 16 条。
69) 『数学教師に関する規則』第 3 条。
70) 『道徳哲学教師に関する規則』第 3 条。
71) 『哲学教師に関する規則』第 17 条。
72) 前掲第 19 条。
73) 『道徳哲学教師に関する規則』第 4 条。
74) 『管区長に関する規則』第 12 条。
75) 『倫理神学教師に関する規則』第 1 条。
76) 前掲第 2 条。
77) 前掲第 3 条。
78) 前掲第 6 条。
79) 『管区長に関する規則』第 13 条。
80) 前掲第 14 条。
81) 前掲第 9 条。
82) 前掲第 19 条 §5-7.
83) 前掲第 10 条。
84) 『スコラ神学教師に関する規則』第 2 条。
85) 前掲第 7 条 §1.
86) 前掲第 7 条 §2.

注

87) 前掲第 7 条 §3.
88) 前掲第 7 条 §4.
89) 前掲第 7 条 §5.
90) 前掲第 8 条。
91) 前掲第 9 条。
92) 『聖書学教師に関する規則』第 1 条。
93) 前掲第 6 条。
94) 前掲第 7 条。
95) 前掲第 12 条。
96) 前掲第 13 条。
97) 前掲第 14 条。
98) 前掲第 15 条。
99) 前掲第 16 条。
100) 前掲第 17 条。
101) 前掲第 18 条。
102) 『管区長に関する規則』第 8 条。
103) 前掲第 7 条。
104) 『聖書学教師に関する規則』第 19 条。
105) 前掲第 20 条。
106) 『上級コレギウムの全教師のための共通規則』第 14 条。
107) 前掲第 15 条。
108) 『学習監督に関する規則』第 7 条。
109) 前掲第 8 条。
110) 前掲第 7 条。
111) 前掲第 9 条。
112) 前掲第 12 条。
113) 前掲第 10 条。
114) 当時のプロテスタント系の教育理念についてはたとえば以下を参照。藤枝静正「一六世紀ドイツの教育」,金子晴勇「ルター」,平野智美「メランヒトンとシュトゥルム」,久米あつみ「カルヴァン」(上智大学中世思想研究所編『教育思想史IV』ルネッサンスの教育思想(下)1986 年,第 4-7 章)
115) ただし,1832 年版の『学事規程』では,やはり近代的ナショナリズムに配慮して,ギリシア語の学習は各国語の教育に置き換えられている。
116) 前々註参照。

181

117）『スコラ神学教師に関する規則』第10条，第11条。

第三章　A・ヴァリニャーノの外的旅路

1) ヴァリニャーノの生涯については主として以下に負っている。

　　J.F.Schütte S.J., *Valinanos Missionsgrundsatze fur Japan*, Roma,1951

　　五野井隆史『日本キリスト教史』吉川弘文館，1990年

　　V.Volpi, *Il visitatore:un testimone oculare nel misterioso Giappone del 16 secolo*, （邦訳，ヴィットリオ・ヴォルピ著，原田和夫訳『巡察師ヴァリニャーノと日本』2008年）

2) Schütte,*op.cit.*,p.53.

3) ただし，メルキュリアンにヴァリニャーノを強く推挙したのは，ポルトガル管区の総会長補佐ペドロ・フォンセカであった。cf.Schütte,*op.cit.*,p.55.

4) Schütte, *op.cit.*, pp.77ff.

5) Schütte, *op.cit.*, pp.97-98. 特に書簡の開封権をめぐる問題に関しては以下を参照。柳田利夫「イエズス会士の「職務上の個別書簡」における"soli"（親展）について」（『キリシタン研究』第26輯，1986年）

6) Schütte, *op.cit.*, pp.102-103

7) ヴァリニャーノ1574年2月8日リスボン発総会長宛書簡（Ital. Jap.7II195-196）cf. Schütte, *op.cit.*, p.103.

8) Schütte, *op.cit.*, pp.89-96.

9) Schütte, *op.cit.*, p.230.

10) P.Angel Santos Hernandez S.J., *Adaptacion Misionera*, Bilbao 1958, p.44.

11) 井手勝美『キリシタン思想史研究序説――日本人のキリスト教受容』ぺりかん社，1995年，92-93頁

12) A.Valignano, *Sumario de las cosas de Japon 1583 ; Adiciones del Sumario de Japon* (1592) editado por Jose Luis Alvarez-Taladriz.,Sophia University,Tokyo,1954,Introduccion, pp.165-166. なお，このテキストについては以下の邦訳がある。松田毅一他訳『日本巡察記』東洋文庫229，平凡社，1973年。

13) Schütte,*op.cit.*,p.324.

14) Schütte,*op.cit.*,pp.325-27.

15) 井手前掲書，98頁。

注

16) Valignano, *Advertimentos e avisos acerca dos costumes e catangues de Jappao*, この文献に関しては以下の邦訳がある。矢沢利彦・筒井砂訳『日本イエズス会士礼法指針』キリシタン文化研究会, 1970 年
17) Valignano, *Sumario.,* p.132.
18) ヴァリニャーノの方針によって日本に設立されたセミナリヨ, コレジヨについては本書第 5 章参照。
19) そうした意味での修道制の歴史については以下の拙著を参照。『東西修道霊性の歴史――愛に捉えられた人々』(知泉書館, 2008 年)
20) 井手勝美訳「日本イエズス会第一回協議会 (1580-81 年) と東インド巡察師ヴァリニャーノの裁決 (1582 年)」(『キリシタン研究』22 輯, 1982 年)

第四章　A・ヴァリニャーノの内的旅路

1) Schütte, *op.cit.*, p.55
2) Schütte, *op.cit.*, p.56
3) *ibid.*
4) Valignano, *Sumario*, p.2 (邦訳, 3 頁)
5) 本来であれば, ヴァリニャーノ自身の原文に当たるべきであるが, 残念ながら原資料を参照することができず, シュッテの独訳からの重訳, およびシュッテの要約の訳出に留まっている。しかしながら, この資料の重要性に鑑み, 本訳出は現時点で可能な限り忠実に日本語でアプローチする道を開いただけでも価値があるのではないか, と考える。
6) 『霊操』176, 邦訳, 126 頁。
7) 以下 7 行は省略。
8) 特に選定のための「第三の時機」のための規則における「要点第四」(『霊操』181, 邦訳, 128-29 頁)。また本章 4 節 (1) を参照。
9) この諸論拠についてはシュッテは要約を施している。
10) 『ルカ』14:23。
11) 『マタイ』22:9。
12) ここでも, シュッテは要約を施している。
13) 『霊操』における選定に関する規則は, 169-189, 邦訳 122-32 頁参照。

14) 五野井前掲書，116頁。

第五章　キリシタン時代における日本のイエズス会学校教育
1) ザビエル，1549年11月5日付，ゴアのサンパウロのコレジヨのイルマン等宛書簡，村上直次郎訳　柳谷武夫編『イエズス会士日本通信；上』雄松堂書店，1968年，4頁。
2) ヴァリニャーノの布教・教育構想については，古典的であるが，以下のチースリク論文による紹介が簡潔にして要を得ているように思われる。H・チースリク「日本における最初の神学校（1601-14年）」（キリシタン文化研究所編『キリシタン研究』第10輯，吉川弘文館，1976年，所収，4-5頁）
3) イエズス会会憲第4部の第3章では，次のように述べられている。「特に，イエズス会入会の五つの主要障碍の一つに該当する者は，イエズス会経営の学校の生徒となることはできない。（生徒たちは）……模範においても，教養においても主キリストの葡萄畑のすぐれた働き手となる，そういう見込みのある生徒たちでなければならない。」
4) イエズス会が学校教育，それも会員外に開かれた学校教育に関与してゆく経緯については以下を参照。高祖敏明「草創期のイエズス会学校――コレギウムの誕生．発展史を中心に」（上智大学教育学科『教育学論集』第14号所収，1980年）
5) 長崎県北有馬町編『「有馬のセミナリヨ」関係資料集』2005年，7頁。
6) セミナリヨについては主として『「有馬のセミナリヨ」関係資料集』に依拠している。
7) 『「有馬のセミナリヨ」関係資料集』，8頁。
8) 前掲，12頁。また，同書には『日本のセミナリヨ規則』の原文（pp.29-36）および邦訳（20-26頁）が収録されている。
9) ibid.
10) ノヴィシアードおよびコレジヨについては主として以下に依拠している。純心女子短期大学・長崎地方文化史研究所編『長崎のコレジヨ』聖母の騎士社，1985年，H・チースリク「府内のコレジヨ」（キリシタン文化研究所編『キリシタン研究』第27輯，吉川弘文館，1987年，所収）
11) （イエズス会編）村上直次郎訳，柳谷武夫編輯『イエズス会日本年報　下』雄松堂書店，1969年，1頁。

注

12) 尾原悟編著『イエズス会日本コレジヨの講義要綱』Ⅰ-Ⅲ，教文館，1997年。
13) 前掲書，Ⅰ解題・解説，457頁。
14) ザビエル，1549年11月5日付，ゴアのサンパウロのコレジヨのイルマン等宛書簡『イエズス会士日本通信　上』，6頁。
15) フェルナンデス，1551年10月20日付，ザビエル宛書簡『イエズス会士日本通信　上』，30頁以下。
16) こうした「人格の独立性，人間の自由な意志，人間性の尊厳」の根拠をなすものとしての「理性的霊魂 anima rationalis」についての考え方は，「知性」が個人の霊魂に内在するか，離在するか，という点について曖昧さを残したアリストテレスの『霊魂論』に対するトマス・アクィナスによる解釈に依拠している。こうした問題領域におけるトマスのアリストテレス解釈については，筆者も以下の拙稿で論じている。「トマス・アクィナスにおける「能動知性」と「個としての人間」」（日本哲学会編『哲学』No.47，1996年所収，197-206頁）
17) 尾原前掲書，Ⅰ解題・解説，462頁。
18) 前掲書，Ⅲ解題・解説，315頁。
19) トマスにおける徳倫理学全体が有する意義については以下の拙著参照。『トマス・アクィナスにおける「愛」と「正義」』知泉書館，2005年。
20) イエズス会教育使徒職国際委員会編，高祖敏明訳『イエズス会の教育の特徴』中央出版社，1988年，24頁
21) 教区神学校については主として以下に依拠している。H・チースリク「日本における最初の神学校（1601-14年）」（キリシタン文化研究所編『キリシタン研究』第10輯，吉川弘文館，1976年，所収）
22) チースリク，1976，14頁。
23) 前掲書，17頁。

第六章　『日本のカテキズモ』

1) Valignano, *Catecheimvs Christianae Fidei.*, このラテン語版のテキストには以下の邦訳があり，本書ではほぼこれに依拠している。A・ヴァリニャーノ著，家入敏光訳編『日本のカテキズモ』天理図書館参考資料7。なお，ポルトガルのエヴォラ公立図書館所蔵になる破損した古屏風の下張りとなっていた邦文文書類の中から

発見された当時の日本語による原文の一部が以下に収められている。海老沢有道校註『日本ノカテキズモ』（海老沢有道・井手勝美・岸野久編著『キリシタン教理書』（『キリシタン研究』第30輯）所収，223-55頁）
2) J. López Gay, *Preevangelización,* （井手勝美訳『初期キリシタン時代における準備布教』キリシタン文化研究会，1968年）
3) 井手勝美『キリシタン思想史研究序説――日本人のキリスト教受容』ぺりかん社，1995年，18-19頁
4) 井手前掲書，18頁。
5) アンリ・ベルナール著，松山厚三訳『東西思想交流史』慶應書房，1943年，131頁。
6) 井手前掲書，135頁。
7) ibid.
8) 『日本のカテキズモ』の内容についてのより詳細な紹介については以下の拙稿を参照。「A・ヴァリニャーノ『日本のカテキズモ』における日本仏教論」（日本カトリック神学院紀要第2号，175-206頁）
9) 井手前掲書，19頁。
10) 家入訳，5頁，海老沢校註224頁。
11) 家入訳，55-57頁。
12) 家入訳，57-59頁。
13) 家入訳，10頁，海老沢校註，227頁。
14) 平岡隆二「イエズス会の日本布教戦略と宇宙論――好奇と理性，デウスの存在証明，パライソの場所」，『長崎歴史文化博物館研究紀要第3号』2008年。50頁以下。
15) Gómez.p.,*Compendium catholicae veritatis* 上智大学キリシタン文庫監修・編集『イエズス会日本コレジヨの講義要綱（コンペンディウム）』全3巻，大空社，1997年。
16) ザビエル書簡，コーチン発，1552年1月29日付（河野純徳訳『聖フランシスコ・ザビエル全書簡』全4巻，平凡社，第3巻）186頁，平岡前掲論文，43頁参照。
17) ザビエル，1549年11月5日付，ゴアのサンパウロのコレジヨのイルマン等宛書簡，（村上直次郎訳／柳谷武夫編『イエズス会士日本通信 上』雄松堂書店，1968年，6頁）
18) フェルナンデス，1551年10月20日付，ザビエル宛書簡，『イエズス会士日本通信 上』，30頁以下。

19) 田村芳朗「天台本学思想概説」(『日本思想大系　天台本覚論』岩波書店, 1973 年, 517 頁)
20) 『三十四箇事書』(『日本思想大系　天台本覚論』, 152-85 頁に所収)
21) 『真如観』(『日本思想大系　天台本覚論』, 120-149 頁に所収)
22) 川村信三『戦国宗教社会＝思想史　キリシタン事例からの考察』(知泉書館, 2011 年)
23) 川村前掲書, 178-81 頁。
24) 田村前掲書, 478 頁。
25) 川村前掲書, 210 頁以下。
26) Valignano., A, *Sumario de las cosas de Japon.* (松田毅一他訳『日本巡察記』平凡社, 1973 年, 東洋文庫, 31 頁)
27) 川村前掲書, 156-57 頁。
28) 井手前掲書, 168 頁。
29) 井手前掲書, 44 頁。
30) 末木文美士「栄西における密と禅」(『鎌倉仏教展開論』2008 年, 148-69 頁)
31) 『妙貞問答』および『破提宇子』については, 海老沢有道による現代語訳が東洋文庫に収められている。海老沢有道訳『南蛮寺興廃記・邪教大意妙貞問答・破提宇子』東洋文庫 14, 平凡社, 1964 年
32) 海老沢有道『破提宇子』解説, 前掲東洋文庫, 276 頁。
33) イザヤ・ベンダサン『日本教徒』角川文庫, 1980 年, 155-56 頁。
34) 溝部前掲書, 30 頁。
35) 井手前掲書, 168 頁。
36) 井手前掲書, 45 頁。
37) *ibid.*

終　章
1) ただし, 1832 年版の『学事規程』では, やはり近代的ナショナリズムに配慮して, ギリシア語の学習は各国語の教育に置き換えられている。

人 名 索 引

アヴェロエス　50
アクアヴィーヴァ　64, 111
アタナシオス　18
アリストテレス　44, 50–53, 60, 61, 130, 131, 135, 138, 167, 172
有馬晴信　77, 117, 121
アルバレス　72
アルメイダ　121, 124
アレクサンドロス　50
アントニオ三箇　121
アンリ・ベルナール　143
イグナティウス　3, 8, 11, 13–18, 21–27, 29–34, 38, 39, 87, 90, 109, 165, 166
イザヤ・ベンダサン　161
井手勝美　141
伊東マンショ　81, 122
ウェルギリウス　42, 43
ヴァスヴァンドゥ　149
ヴァラッツェのヤコブス　14
ヴァリニャーノ　3–7, 35, 62–69, 71–91, 96, 105–07, 109–12, 114–25, 127, 128, 137, 138, 140–51, 153–58, 161–65, 168–73
栄西　157
エウクレイデス　52

エックハルト　160
海老沢有道　161
オウィディウス　42
大友義鎮　91, 125
大村純忠　77, 80
織田信長　81, 117, 120
尾原（了悟）　131, 132, 134, 135
オルガンティノ　114, 120

カエサル　43
カブラル　7, 67–75, 78, 81, 83, 85, 110, 114, 115, 123, 142, 143, 155, 169
カルヴァン　133
川村信三　153
キケロ　42–44
キプリアヌス　43
クリュソストモス　43
グイゴ（シャルトルーズ修道院第5代院長）　28
グイゴ2世（シャルトルーズ修道院第9代院長）　26
グレゴリウス十三世　130
ゲルハルト・ツェルボルト・ズトフェン　24
コアタレム　11, 12, 16
小林謙貞　131, 149

人 名 索 引

サルスティウス　43
ザビエル　4, 17, 18, 62, 67, 69, 80, 90, 113–15, 132, 143, 149, 152, 168
シクスト5世　135
シスネロス　25
シュッテ　5, 6, 69, 86, 88, 89, 107
親鸞　154, 155
鈴木大拙　158, 159
セルケイラ　83, 119, 135–37

高山右近　81, 110, 120, 121
田村芳朗　153
千々石ミゲル　122
デカルト　61
徳川家康　122
トマス・アクィナス　50, 56, 60, 61, 135, 167
（豊臣）秀吉　82, 83, 119, 121, 126
ド・ギベール　14
ドン・セバスチャン　66

中浦ジュリアン　122
西田幾多郎　158
日乗　132, 152

原マルチノ　122
バシレイオス　29
パウルス4世　63
パウロ三木　121
ヒエロニムス・ナダール　39

フアン・ケンゼン　142
フアン・デ・トルレス　142
フェルナンデス　132, 152
不干斎ハビアン　143, 160
フロイス　91, 123, 132, 142, 152, 163
フローテ　24
ブイエ　19, 21
ブルーノ　28
プトレマイオス　130
ペドロ・ゴメス　129, 149
ホラティウス　43

マテオ・リッチ　64, 67, 83, 84, 144, 169
溝部（脩）司教　161
メルキュリアン　64–66, 87, 111

ヤコブス・レデスマ　39
ヤン・スタンドンク　25
ヨハネス・デ・サクロボスコ　130
ヨハネス・マウブルヌス　24

ルクレール　163
ルター　10, 133, 155
ルッジェーリ　67
ルドルフ・フォン・ザクセン　14, 23, 25–27
ルースブルック　24
ロペス・ガイ　140

書 名 索 引

『アントニオス伝』 18, 21, 22
『イエス・キリストの生涯』 14, 26
『イエズス会会憲』 11, 17
『イエズス会学事規程』 4, 11, 32, 33, 35, 36, 39, 40, 59, 60, 109, 116, 122, 124, 137, 167, 170
『イエズス会日本コレジヨの講義要綱』 6, 130, 135, 171
『エマヌエルの文法書』 41
『円覚経』 152
『(イエズス会) 会憲細則』 81
『幾何学原論』 52
『倶舎論』 149
『詩学』 44
『シャルトルーズ修道院慣習律』 28
『修辞学』 44
『神学大全』 56, 61, 135
『真実の教』 6, 130, 133, 134, 171
『真如観』 152
『(イグナティウス) 自叙伝』 16
『聖人たちの華』 14

『セミナリヨ内規』 78
『歎異抄』 154
『大乗起信論』 153
『大般涅槃経』 155
『天球論』 6, 130, 131, 149, 171
『二儀略説』 131, 133, 149
『ニコマコス倫理学』 53
『日本イエズス会士礼法指針』 75, 79
『日本教徒』 161
『日本諸事要録』 72, 82, 88, 119
『日本のカテキズモ』 6, 7, 140–42, 144, 148, 150, 151, 155–58, 163, 164, 172
『日本のセミナリヨ規則』 122–24
『日本布教長規則』 78, 79, 110
『破提宇子』 160
『平家物語』 124, 127
『妙貞問答』 143, 157, 160
『霊魂論』 6, 51, 53, 130–32, 138, 152, 171, 172
『霊魂論註解』 131
『霊操』 3, 11–13, 16–18, 22–24, 26, 27, 29–31, 33,

書名索引

34, 90, 107, 165, 167
『霊的訓練と聖なる黙想のバラ
園』　24
『霊的上昇について』　24
『霊的生活についての書簡』

26
『霊的生活の訓練』　25
『ローマ・カテキスムス』
133, 134

事項索引

あ 行

悪人正機説　154
悪魔　15, 18-21, 29, 30, 147
アコモダティオ　5, 62
新しい敬虔　23-25, 166
安土　78, 79, 81, 117, 118, 120-22
アニマ（霊魂）の不滅　151, 154
アニミズム　155, 156, 164, 173
阿弥陀如来　154
有馬　77, 78, 81, 91, 117, 118, 120-22, 126, 136
イエズス会　3, 4, 6, 8-11, 17, 18, 22, 23, 25, 31-41, 50, 53-55, 59-69, 72-81, 83, 84, 86, 87, 97-101, 103-05, 109, 112-16, 118, 119, 122-24, 126-30, 132, 135, 137, 138, 140-43, 149, 152-55, 160-62, 165-71
一切衆生悉有仏性　155
インカルチュレーション　7, 162, 168
隠修士　3, 8, 18-26, 28, 29, 33, 34, 165-67
臼杵　71, 72, 78, 79, 118, 120, 125, 127, 129
演劇　47, 124
王室布教保護権　70

か 行

下級コレギウム　4, 40, 41, 45, 48, 50, 59, 60, 167
下級文法学年　41
偏らない心　12, 13
カルデア語　58
カルトゥジア会　14, 23, 25-28, 166
カルドネル河畔の啓示　15, 16
観想　18, 25-28, 30
概念分割　150
ガンディア　32, 37, 116
教会法　93, 137
キリシタン時代　3, 4, 6, 8, 35, 113, 165, 170
キリシタン版　83, 125, 126
禁域　9
ギリシア語　41, 42, 44, 45, 47, 58-60, 123, 127, 138, 167, 168, 171

193

事 項 索 引

形而上学　50-54, 132, 151, 163
形而上学学年　50-54
遣欧使節　81-83
謙遜　75-77
原理と基礎　12
コインブラ大学　129, 130
講義　6, 36-38, 52-55, 58, 118, 128-31, 133-35, 137, 149, 152, 171
コレギウム　4, 32, 33, 36-41, 45, 47-50, 59-61, 116, 149, 167
コレジヨ　6, 117-20, 125-30, 135-38, 170-72
根元　145, 146, 148, 150
コンツェルタティオ　45, 47, 61
業（Karma）　156
権実　145

さ　行

始覚　153, 154, 157
識別　12, 13, 15, 16, 21, 22, 28, 80, 86, 89, 90, 107-11
自然学学年　50, 52, 54
使徒的生活　23, 29
シトー会　25, 28
師父　18-22, 166
社会進出型修道パラダイム　9, 18
修学修士　37, 38, 41
宗教改革　10, 11, 155

修辞学学年　41, 44-47, 60
修道院神学　163
修練院　6, 64, 78, 80, 118, 129, 170
シリア語　58
神学課程　49, 52, 54-56, 58, 59, 117, 127-29
信徒使徒職　116
自己無化　76
自殺　147
儒教　84, 143, 144, 160, 169, 172
準備の祈り　12
準備福音宣教　140-42
上級コレギウム　4, 40, 47, 49, 60, 61, 149, 167
上級文法学年　41, 42
浄土真宗　154, 155, 164, 173
自律的霊性　3, 9, 23-26, 34, 85, 111, 112, 165-67, 170
人文課程　126-29
人文学学年　41, 43-45, 47
人文主義　59-61, 63, 123, 127, 138, 167, 168, 171
スコラ学　60, 61, 107, 109, 150, 151, 157-60, 164, 167, 172
スコラ神学　56-58, 60, 61, 163, 167
すさみ　15, 90, 108
聖務日課　9, 28
セミナリヨ　6, 74, 78, 80, 117-25, 127, 136, 170
選定　12, 13, 15, 28, 87, 90,

事　項　索　引

92, 107, 108
洗礼　　56, 57, 77, 92-94, 96, 98, 101, 121
絶対他力　　154, 155
総会長　　10, 17, 38, 40, 64-66, 72, 73, 78, 81, 82, 84, 85, 87, 89, 92, 100, 101, 106, 107, 109, 111, 114, 129, 168, 169

た　行

托鉢修道会　　9, 18, 23, 24, 77, 83
大航海時代　　5, 11, 62, 69, 70
第二バチカン公会議　　5, 62, 116
中級文法学年　　41, 42
定住　　9, 23, 67
適応主義　　5, 7, 62, 66, 69, 71, 74, 76, 77, 79, 81, 84, 85, 110, 111, 114, 140, 142, 162, 163, 168-70, 172
哲学課程　　49-53, 55, 60, 126-29, 132, 138, 172
天正遣欧少年使節　→遣欧使節
天台本覚思想　　152-54, 156, 158, 159, 164, 173
典礼問題　　144
デクリオー　　46, 49
デクリオー・マクシムス　　46, 49
デザイン論証　　148, 149, 164, 172

東西霊性交流　　7, 140, 156
討論　　36, 47, 53-55, 58, 59, 61, 107, 109, 132, 137, 150, 152, 159
トリエント公会議　　129, 133, 134, 138, 172
同宿　　80
ドミニコ会　　14, 30, 36

な　行

長崎　　77-83, 110, 117, 120-22, 125, 126, 136, 137
慰め　　15, 27, 28, 90, 108
南無阿弥陀仏　　147
男色　　71, 147
日本語化論　　143, 144
如来蔵思想　　155, 156, 164, 173
年報　　81, 128, 129
ネーデルラント　　23, 24, 65, 84, 168
ノヴィシアード　→修練院

は　行

汎神論　　146, 156
パドヴァ大学　　63
パリ大学　　17, 25, 31, 32, 36, 109
東インド巡察師　　4, 35, 62, 84, 165, 168
平戸　　91, 121, 122, 126
復習　　36, 42, 45-47, 53, 54,

事項索引

58
フランシスコ会　36, 77, 83
仏教僧　75, 77, 79, 80, 96, 102, 103, 132, 152, 160
プロクラドール　66
平家物語　124, 127
ヘブライ語　58
ベギン　23, 24
ベネディクト型修道パラダイム　9
法蓮華経　147
本覚　152-59, 164, 173
本願　154
本願ぼこり　154
本能寺の変　118, 121, 128
煩悩即菩提　152, 153

ま・や 行

マンレサ　15-17, 21, 22, 29
メッシーナ　32, 38, 39
モンテーギュ学寮　25
モンテーギュの貧者たち　25
モンセラート　15, 25

予定説　105
ヨーロッパ語論　143

ら 行

ラ・ストルタ聖堂　17
ラテン語　41, 45-48, 59, 60, 74, 82, 114, 121, 123, 124, 127-29, 133, 138, 160, 167, 171
臨済　143, 157, 158, 160
輪廻説　147, 156
倫理神学　31, 49, 50, 54, 55, 57, 129, 136, 137
霊操　3, 6, 8, 11-18, 22-24, 26-31, 33, 34, 85-87, 89, 90, 92, 107-09, 111, 112, 165-67, 170
霊的個人主義　21, 34, 166
霊の識別　12, 13, 15, 21, 22, 28, 90, 108
論理学学年　50, 51, 54
ローマ学院　39, 40, 42, 64, 116

桑原 直己（くわばら・なおき）
1954年生まれ。1977年東京大学文学部卒業。1979年同大学院人文科学研究科哲学専攻修士課程修了。1982年同博士課程単位取得。1985年三重大学教育学部専任講師。同助教授を経て，現在筑波大学人文社会系教授。専攻：哲学，倫理学，西洋中世倫理思想史，キリスト教霊性史。博士（文学）。
〔著訳書〕『トマス・アクィナスにおける「愛」と「正義」』（知泉書館, 2005年），『東西修道霊性の歴史―愛に捉えられた人々』（同, 2008年），『哲学を享受する』（共著, 同, 2006年），『西洋哲学の起源』（共著, 放送大学教育振興会, 2016年），バシレイオス「修道士大規定」（『中世思想原典集成』第2巻所収, 平凡社, 1992年），『フィロカリアⅠ』（共訳, 新世社, 2007年），『フィロカリアⅥ』（共訳, 同, 2013年）他。

〔キリシタン時代とイエズス会教育〕　　ISBN978-4-86285-254-0

2017年4月10日　第1刷印刷
2017年4月15日　第1刷発行

著 者　桑 原 直 己
発行者　小 山 光 夫
製 版　ジ ャ ッ ト

発行所　〒113-0033 東京都文京区本郷1-13-2
電話03(3814)6161 振替00120-6-117170
http://www.chisen.co.jp
株式会社　知 泉 書 館

Printed in Japan　　印刷・製本／藤原印刷

イタリアルネサンスとアジア日本
ヒューマニズム・アリストテレス主義・プラトン主義
根占献一著 15世紀ヨーロッパは一大転換期を迎え，地理上の発見でアジア各国に宣教師や探検家，商人らが訪れた。東西の交流の背景となるルネサンス運動，「霊魂不滅論」とヒューマニズム教育の影響から近世史を再考　A5/290p/5000円

戦国宗教社会＝思想史
キリシタン事例からの考察
川村信三著　キリスト教伝来は信徒弾圧など日本史では特殊な位置づけだが，浄土真宗本願寺派との宗教的条件の類似性が宗教社会成立に関わることやキリシタン現象を世界史として捉え直し，近世史の地平を開いた書　A5/448p/7500円

東西修道霊性の歴史
愛に捉えられた人々
桑原直己著　3世紀後半にエジプトの砂漠で始まった修道生活が東西キリスト教世界で伝統を形成する。東西両方の修道生活と精神に光を当て修道院の歴史を全体的に考察，特徴と相違からヨーロッパ修道霊性の意味を解明　A5/320p/4600円

トマス・アクィナスにおける「愛」と「正義」
桑原直己著　「愛」と「正義」という対抗する倫理的主題に，アウグスティヌスの権威を踏まえつつトマスがいかにアリストテレス倫理学を受容し，拡張・変容させたかを詳細に考察。正義重視の現代倫理学に一石を投ずる　A5/544p/8000円

知泉書館　東京都文京区本郷1-13-2（税抜）
Tel: 03-3814-6161 / Fax: -6166
http://www.chisen.co.jp